20日完成
スピードマスター
政治・経済問題集

出川清一 編

JN107503

山川出版社

本書の目的と使用法

　本書は、ほぼ3週間の効率的な学習によって大学入試での合格をめざすことと、通常の中間・期末テストなどの定期テスト対策としての学習をすることの2つのねらいをもって構成しています。

　大学入試問題は、たんに用語を暗記しているだけでは解答できません。理解力を問う出題が多くなっています。そこで図や表を多用して理解をたすけ、内容の整理をするとともに、過去の大学入試センター試験などの入試問題も分析し、新学習指導要領にもとづいた政治・経済の全教科書の用語を分析して作成しました。「Speed Check」は頻度の高い用語を問題としているので、より実戦的な学力が身につくと信じています。

　教科内容を20テーマにわけてまとめました。大学入試対策では、短時間で学習できるよう基礎的な事項の理解を系統的に整理しました。定期試験対策では用語の相互関連に注意して学習すると効果的です。用語の理解のためには教科書で再確認するとともに、『政治・経済用語集』を利用するとよいでしょう。

　そのうえに、「Speed Check」の問題演習を通じて、知識・理解の定着に努めてください。定期テストの直前学習では別冊の「解答集」の解答を確認すると効果的です。

　また、「Attack」では、全体を通して入試での出題が多い事項について、ユニークな視点でまとめています。入試の直前の整理に有効です。

　別冊の解答集は、縦に配列し、解答をチェックしやすいように、用語の前につけた□に正答の有無を記入することによって、復習もより効率的にできるよう工夫してあるので活用してください。

　政治・経済は、時事的な要素のもっとも強い教科であり、国公立大学の二次試験の一般論文問題で出題されることから、日頃から新聞に目を通すなどの努力も必要です。

　このたび、学習指導要領の改正を受けて、本書も改訂しました。

2023年11月

編　者

Summary	❶表や年表で体系的な理解をたすけます。
	❷赤色ゴシック・黒色ゴシックで重要用語もわかりやすくなっています。
Speed Check	❸Summaryと同じ構成で効率的に学習ができます。
	❹チェックボックスでふりかえり学習もスムーズにおこなえます。
別冊解答	❺チェックボックスつきで復習をしやすくしています。
	❻縦に並べることで、答え合わせもしやすくしています。

Summary Input!

DAY 1

Summary 民主政治の基本原理

◆ 政治と法

■政治と法
「人間は社会的動物である」⇨集団内を調整する必要＝調整過程＝政治過程＝政治
（アリストテレス）　特定の秩序維持＝強制力の必要⇨**権力（政治権力）**

■国家の三要素
①主権：国家意思の最高決定権、統治権、独立性
②領域：領土、領海、領空　EEZ（排他的経済水域、200海里）
③国民（市民、人民）

■国家の役割

18,19世紀的	夜警国家（消極国家）安価な政府、治安と国防、ラッサールの指摘
20,21世紀的	福祉国家（積極国家）社会保障の実現、福祉サービスの提供

■国家と法
①権力の正当性：マックス＝ウェーバーの指摘「支配の社会学」
近代民主主義国家（合法的支配）、中世的（伝統的支配）、古代国家（カリスマ的支配）
②法の種類と分類

法	強制力をもつ	成文法	文章化	自然法	普遍的に成立
道徳	良心の規範	不文法	慣習法、判例	実定法	人為的に成立

　┌国内法　　┌実体法　　┌公法
　├国際法　　└手続法　　├私法　　　六法
　　　　　　　　　　　　└社会法
③私法の基本原則：私的自治の原則、契約自由の原則、権利能力平等の原則
　　　　　　　　　所有権絶対の原則、過失責任の原則

◆ 民主政治の発展

ホッブズ	ロック	ルソー	モンテスキュー
イギリス17世紀	イギリス17世紀	フランス18世紀	フランス18世紀
『リヴァイアサン』	『統治二論』	『社会契約論』	『法の精神』
人民の自然権を絶対君主に委譲	名誉革命の擁護、抵抗権	人民の**一般意志**による社会契約説、直接民主制	三権の**抑制と均衡**を主張、権力分立
cf.ボーダン（仏）絶対君主主義の下での王権の正当性を主張			

▶近代の民主政治の発展と基本的人権の保障

1215年 ─	マグナ・カルタ（大憲章）	1787年 ─	**アメリカ合衆国憲法**
1628年 ─	権利請願（議会が王権制限）	1789 ─	フランス革命、フランス人権宣言
1642年 ─	清教徒革命（共和制の実現）	1832 ─	イギリスで第1次選挙法改正
1689年 ─	**権利章典**（人民の自由の宣言）	1837 ─	チャーチスト運動（参政権要求）
1742年 ─	責任内閣制（ウォルポール内閣）	1863 ─	**リンカン**「ゲティスバーグ演説」
1776年 ─	バージニア権利章典	1911 ─	イギリス議会法（下院の優越）
	アメリカ独立宣言	1919 ─	ワイマール憲法（社会権を規定）

■人の支配（君主・独裁者）から法の支配へ
①慣習法（コモン・ロー）　⇨　[法]「国王といえども法のもとにある」ブラクトン（英）　⇨　コーク（英）も引用
　　　国民の自由と財産を守る
　　　「国王を拘束」
②立憲主義…憲法にもとづいて政治権力は行使されるべきと主義
③法治主義…行政権の行使には法律の根拠が必要とするもの（ドイツで発達）

■権力の分立…三権分立（立法権・司法権・執行権（行政権））、地方分権

■議会制民主主義（代表民主制、代議制） ○議会政治の否定、一党独裁⇨ファシズム
①直接民主制
②間接民主制⇨選挙で議員選出：**普通選挙**
③多数決の原理、少数意見の尊重
cf.ポピュリズム（大衆迎合主義）の危険性

イタリア	ムッソリーニ	ファシスト
ドイツ	ヒトラー	ナチス
日本	軍部	軍国主義

◆ 世界のおもな政治体制

■議院内閣制…歴史的に発達、イギリス・日本・カナダ・オーストラリアなど
①**責任内閣制**←議会が首相指名（第一党の党首）、内閣は議会に連帯責任
②イギリスの議院内閣制…歴史的に成立、不文憲法として成立
　「国王は君臨すれども統治せず」、①普通選挙　最高裁判所の設立（2009年）
　議会：下院（庶民院）⇨小選挙区
　　　　上院（貴族院）⇨世襲貴族

　下院の優越　　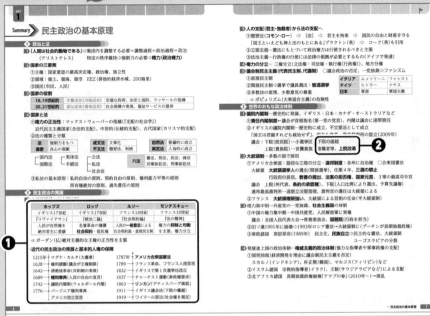
　庶民院優先、上院改革

■大統領制…多くの国で採用
①アメリカ合衆国：厳格な三権の分立・**連邦制度**：各州に自治権　○合衆国憲法
　大統領　**大統領選挙人**の選出（間接選挙）、任期4年、三選禁止
　　　　　行政府の長官、**教書の提出、法案の拒否権、国家元首**、3軍の最高司令官
　議会　上院（州代表、条約の承認権）、下院（人口比例により選出、予算先議権）
　連邦最高裁判所…違憲立法審査権、裁判官の選任は大統領による
②フランス　**大統領権限強い**、大統領による首相の任命（半大統領制）

■権力分散型…共産党の一党独裁、社会主義国の体制
①中国の権力集中制…中国共産党、人民解放軍に実権
　議会：全国人民代表大会⇨常務委員会、**国務院**（行政を担当）
②旧ソ連1991年に崩壊⇨1993年ロシア憲法⇨大統領制（プーチンが長期独裁政権）
③東欧諸国　東欧革命（1989年）　民主化、**民族自立**⇨民主的な憲法、大統領制
　　　　　　　　　　　　　　　　　　　　　　　　ユーゴスラビアの分裂

■発展途上国の政治体制…**権威主義的政治体制**（強力な指導者や軍事政権の支配）
①開発独裁（経済開発を優先に議会制民主主義を否定）
　スカルノ（インドネシア）、朴正熙（韓国）、マルコス（フィリピン）など
②イスラム諸国　宗教的指導者（イラク）、王制（サウジアラビアなど）による支配
③北アフリカ諸国　長期独裁政権崩壊「アラブの春」（2010年～）⇨混乱

Speed Check Output!

DAY 1

Speed Check! 民主政治の基本原理

◆ 政治と法

☑ ①「人間は[¹]の動物である」とは、古代ギリシアの哲学者[²]の言葉である。人間は集団のなかで個別の利益を調整しなければならなくなる。この調整の過程を[³]という。

☑ ②ラッサールは治安と国防のみが国家の役割とされている状況を[⁴]と表現した。これに対して、現代の国家は福祉を実現することが求められ、[⁵]を理想とした。

☑ ③国家の三要素は国家意思の最高決定権や統治権、国家の独立性を意味する[⁶]と、領土・領海・領空からなる[⁷]と国民（市民、人民）である。

☑ ④権力の正当性について、ドイツの社会学者[⁸]は伝統的支配、[⁹]、合法的支配の3つを指摘し、いかでも[¹⁰]がもっとも合理的で民主政治にふさわしいと論じた。

☑ ⑤[¹¹]は良心による規範であるが、法は権力によって規範として強制される。

☑ ⑥法は成文化されたものだけでなく、長年の慣行性の積み重ねである[¹²]や裁判例の判断である[¹³]も不文法として機能する。

☑ ⑦法は国家と個人の関係を規律する[¹⁴]と、私人と私人のあいだの法関係を定める[¹⁵]に大きくわけられる。さらに経済法や労働法など、私人間の関係に国が介入した法である[¹⁶]がある。

☑ ⑧私法の原則として私的自治の原則、[¹⁷]、権利能力平等の原則、所有権絶対の原則、過失責任の原則があげられる。

◆ 民主政治の発展

☑ ①イギリスの思想家[¹⁸]は、1651年に著した『[¹⁹]』において、「万人の万人に対する闘争状態」から脱却するために[²⁰]を結び、絶対的な権力をもった国家がつくられるといった。

☑ ②名誉革命を正当化した思想家[²¹]は、著書『[²²]』のなかで、政治は国民の信託によるものであるとした。もし、人民が人民の信託を裏切るようなことがおこれば、人民は[²³]を行使して、政府を変更することができるとした。

☑ ③[²⁴]は『社会契約論』を著し、フランス革命に影響を与えた。「人民が全員集まって立法を行なう」[²⁵]を主張し、民主制の国家がみな理想に値する国家である」と主張した。

☑ ④イギリスでは、1215年に国王と封建領主との約束からうまれた[²⁶]が成立した。さらに、1628年の権利請願や1642～49年の[²⁷]革命を経た1679年に人身保護法と1689年に[²⁸]革命によって[²⁹]を成立させていった。

☑ ⑤アメリカではバージニア権利章典などで近代政治の理念を宣言し、1776年には[³⁰]を発表し、1787年にアメリカ合衆国憲法を制定した。フランスは大革命に際して1789年に[³¹]を発表し、近代の市民革命の理念を象徴した。

☑ ⑥イギリスでは19世紀に労働者による参政権の拡大要求が[³²]運動として広がった。20世紀には議会法で[³³]を定め、国民が選挙で選んだ代表によって政治がおこなわれる制度が確立した。

☑ ⑦南北戦争の激戦地であったゲティスバーグで[³⁴]がおこなった演説にある、「人民の、

別冊解答

★は正解の順序を問わない

❶ Speed Check! ✓
民主政治の基本原理

◆ 政治と法

1. 社会
2. アリストテレス
3. 政治
4. 夜警国家
5. 福祉国家
6. 主権
7. 領域
8. マックス＝ウェーバー
9. カリスマ的支配
10. 合法的支配
11. 道徳
12. 慣習法
13. 判例
14. 公法
15. 私法
16. 社会法

◆ 民主政治の発展

17. ホッブズ
18. リヴァイアサン
19. 社会契約
20. ロック
21. 統治二論（市民政府二論）
22. 抵抗
23. 抵抗権
24. ルソー
25. 直接
26. マグナ・カルタ（大憲章）
27. 清教徒（ピューリタン）
28. 名誉
29. 権利章典
30. アメリカ独立宣言
31. フランス人権宣言
32. チャーチスト
33. 下院の優越
34. リンカン
35. 人民による
36. エドワード＝コック（コーク）
37. ブラクトン
38. ファシズム
39. 政治権力
40. モンテスキュー
41. 国王

42. 議会（下院議員）
43. 責任内閣
44. 最高裁判所
45. 州
46. 下院
47. 国権最高審査機関
48. 不信任決議案
49. 福祉国家
50. 解釈
51. 教書
52. 大統領（半大統領）
53. 議会
54. 権力集中
55. ペレストロイカ
56. 大統領
57. 大統領
58. 民族自立
59. ユーゴスラビア
60. クーデター
61. 開発独裁
62. アラブの春

❷ Speed Check! ✓
日本国憲法の成立と基本的性格

◆ 大日本帝国憲法（明治憲法）
特色

1. 自由民権運動
2. 国会
3. 伊藤博文
4. 内閣
5. 欽定憲法
6. 私擬憲法
7. 欽定憲法
8. 緊急勅令
9. 統帥権
10. 臣民
11. 法律
12. 協賛
13. 制限選挙
14. 普通選挙
15. 天皇
16. 児童憲章
17. 権力
18. 政党内閣
19. 普通
20. 美濃部達吉
21. 天皇機関説

22. 吉野作造
23. 大正デモクラシー
24. 二・一六
25. 国家総動員

◆ 日本国憲法の制定
26. GHQ
27. 戦争犯罪者
28. 近衛文麿
29. 内務省
30. マッカーサー
31. 憲法問題調査
32. 幣原喜重郎
33. 財産的権利の保障 ★
34. 婦人（女性）

◆ 日本国憲法の三大基本原則
35. 信託
36. ゲティスバーグ
37. 日本国
38. 日本国民統合
39. 非嫡
40. 権能
41. 国会
42. 任命
43. 総選挙
44. 永久
45. 戦争
46. 経済活
47. 社会権
48. 国際
49. 武力
50. 戦力
51. 交戦権
52. 自衛権
53. 公務員
54. 軟性
55. 硬性
56. 総議員
57. 過半数
58. 憲法審査会

目 次

Summary　民主政治の基本原理

❶ 政治と法

❶「**人間は社会的動物である**」⇨集団内を調整する必要＝調整過程＝政治過程＝政治
　（アリストテレス）　　特定の秩序維持⇨強制力の必要⇨**権力（政治権力）**

❷ 国家の三要素
　①主権：国家意思の最高決定権、統治権、独立性
　②領域：領土、領海、領空　EEZ（排他的経済水域、200海里）
　③国民（市民、人民）

❸ 国家の役割

18、19世紀的	夜警国家（消極国家）	安価な政府、治安と国防、ラッサールの指摘
20、21世紀的	福祉国家（積極国家）	社会保障の実現、福祉サービスの提供

❹ 国家と法
　①**権力の正当性**：マックス＝ウェーバーの指摘（『支配の社会学』）
　　近代民主主義国家（合法的支配）、中世的（伝統的支配）、古代国家（カリスマ的支配）
　②法の種類と分類

法	強制力をもつ
道徳	良心の規範

成文法	文章化
不文法	慣習法、判例

自然法	普遍的に成立
実定法	人為的に成立

┌─国内法　┌─実体法　┌─公法
└─国際法　└─手続法　├─私法
　　　　　　　　　　　└─社会法

六法	憲法、刑法、民法、商法 民事訴訟法、刑事訴訟法

　③私法の基本原則：私的自治の原則、契約自由の原則、権利能力平等の原則
　　　　　　　　　　所有権絶対の原則、過失責任の原則

❷ 民主政治の発展

❶ 自然権思想と社会契約説

ホッブズ	ロック	ルソー	モンテスキュー
イギリス17世紀	イギリス17世紀	フランス18世紀	フランス18世紀
『リヴァイアサン』	『統治二論』	『社会契約論』	『法の精神』
人民が自然権を絶対君主に委譲	名誉革命の擁護 **社会契約**・抵抗権	人民の**一般意志**による社会契約説・直接民主制	権力の**抑制と均衡**を主張、権力分立

cf. ボーダン(仏)絶対主義的な王権の正当性を主張

❷ 近代の民主政治の発展と基本的人権の保障

1215年─マグナ・カルタ（大憲章）
1628─権利請願（議会が王権制限）
1642─清教徒革命（共和制の実現）
1689─**権利章典**（人民の自由の宣言）
1742─議院内閣制（ウォルポール内閣）
1776─バージニア権利章典
　　　アメリカ独立宣言

1787─**アメリカ合衆国憲法**
1789─フランス革命、**フランス人権宣言**
1832─イギリスで第1次選挙法改正
1837─チャーチスト運動（参政権要求）
1863─**リンカン**「ゲティスバーグ演説」
1911─イギリス議会法（下院の優越）
1919─**ワイマール憲法**（社会権を規定）

3 人の支配(君主・独裁者)から法の支配へ

①慣習法(**コモン・ロー**) ⇨ ［法］ ⇨ 君主を拘束 ⇨ 国民の自由と財産を守る

「国王といえども神と法のもとにある」ブラクトン(英) ⇨ コーク(英)も引用

②**立憲主義**…憲法にもとづいて政治権力は行使されるべきと主張

③**法治主義**…行政権の行使には法律の根拠が必要とするもの(ドイツで発達)

4 権力の分立… 三権分立(立法権・司法権・執行権〈行政権〉)、地方分権

5 議会制民主主義(代表民主制、代議制) ○議会政治の否定、一党独裁⇨**ファシズム**

①直接民主制

②間接民主制⇨選挙で議員選出:**普通選挙**

③多数決の原理、少数意見の尊重

cf. ポピュリズム(大衆迎合主義)の危険性

イタリア	ムッソリーニ	ファシスト
ドイツ	ヒトラー	ナチス
日本	軍部	軍国主義

❸ 世界のおもな政治体制

1 議院内閣制…歴史的に発展、イギリス・日本・カナダ・オーストラリアなど

①**責任内閣制度**←議会が首相指名(第一党の党首)、内閣は議会に**連帯責任**

②イギリスの議院内閣制…歴史的に成立、**不文憲法**として成立

「国王は君臨すれども統治せず」、現在も変革→最高裁判所の設立(2009年)

議会:下院(庶民院)…小選挙区、**下院の優越**

上院(貴族院)…世襲貴族・聖職者等、**上院改革**

2 大統領制…多数の国で採用

①アメリカ合衆国:**厳格な三権の分立・連邦制度**:各州に自治権 ○合衆国憲法

大統領 **大統領選挙人**の選出(間接選挙)、任期4年、**三選の禁止**

　　　　行政府の長官、**教書の提出**、**法案の拒否権**、**国家元首**、3軍の最高司令官

議会 上院(州代表、**条約の承認権**)、下院(人口比例により選出、予算先議権)

連邦最高裁判所…**違憲立法審査権**、裁判官の選任は大統領による

②フランス **大統領権限強い**、大統領による首相の任命(半大統領制)

3 権力集中制…共産党の一党独裁、**社会主義国**の体制

①中国の権力集中制…中国共産党、人民解放軍に実権

議会:全国人民代表大会→常務委員会、**国務院**(行政を担当)

②旧ソ連1991年に崩壊⇨1993年ロシア憲法→大統領制に(プーチンが長期独裁政権)

③東欧諸国 **東欧革命**(1989年) 民主化、**民族自立**⇨民主的な憲法、大統領制

　　　　　　　　　　　　　　　　　　　　　ユーゴスラビアの分裂

4 発展途上国の政治体制…**権威主義的政治体制**(強力な指導者や軍事政権の支配)

①**開発独裁**(経済開発を理由に議会制民主主義を否定)

スカルノ(インドネシア)、朴正煕(韓国)、マルコス(フィリピン)など

②イスラム諸国 宗教的指導者(イラク)、王制(サウジアラビア)などによる支配

③北アフリカ諸国 長期独裁政権崩壊「アラブの春」(2010年〜)→混乱

Speed Check! 民主政治の基本原理

❶ 政治と法

☑ ①「人間は[¹　]的動物である」とは、古代ギリシアの哲学者[²　]の言葉である。人間は集団のなかで個別の利益を調整しなければならなくなる。この調整の過程を[³　]という。

☑ ②ラッサールは治安と国防のみが国家の役割とされている状況を「[⁴　]」と表現した。これに対して、現代の国家は福祉を実現することが求められ、[⁵　]といわれる。

☑ ③国家の三要素は国家意思の最高決定権や統治権、国の独立性を意味する[⁶　]と、領土・領海・領空からなる[⁷　]と国民（市民、人民）である。

☑ ④権力の正当性について、ドイツの社会学者[⁸　]は伝統的支配、[⁹　]、合法的支配の3つを指摘し、なかでも[¹⁰　]がもっとも合理的で民主政治にふさわしいと論じた。

☑ ⑤[¹¹　]は良心による規範であるが、法は権力によって規範として強制される。

☑ ⑥法は成文化されたものだけでなく、長年の慣行の積み重ねで規範として認められている[¹²　]や裁判所の判断である[¹³　]も不文法として機能する。

☑ ⑦法は国家と個人の関係を規律する[¹⁴　]と、私人と私人のあいだの法関係を定める[¹⁵　]に大きくわけられる。さらに経済法や労働法など、私人間の関係に国が介入した法である[¹⁶　]がある。

☑ ⑧私法の原則として私的自治の原則、[¹⁷　]、権利能力平等の原則、所有権絶対の原則、過失責任の原則があげられる。

❷ 民主政治の発展

☑ ①イギリスの思想家[¹⁸　]は、1651年に著した『[¹⁹　]』において、「万人の万人に対する闘争状態」から脱却するために[²⁰　]を結び、絶対的な権力をもった国家がつくられたといった。

☑ ②名誉革命を正当化した思想家の[²¹　]は、著書『[²²　]』のなかで、政治は国民の信託（しんたく）によるものであるとした。もし、政府が人民の信託を裏切るようなことがおこれば、人民は[²³　]権を行使して、政府を変更することができるとする。

☑ ③[²⁴　]は『社会契約論』を著し、フランス革命に影響を与えた。「人民が全員集まって立法をおこなう[²⁵　]民主制の国家のみが服従に値する国家である。」と主張した。

☑ ④イギリスでは、1215年に国王と封建領主との約束というかたちで[²⁶　]が成立した。さらに、1628年の権利請願や1642〜49年の[²⁷　]革命を経た1679年に人身保護律を、1689年には[²⁸　]革命によって[²⁹　]を成立させている。

☑ ⑤アメリカではバージニア権利章典などで近代政治の理念を宣言し、1776年には[³⁰　]を発表し、1787年にはアメリカ合衆国憲法を制定した。フランスでは大革命に際して1789年に[³¹　]を発表し、近代の市民革命の理念を集大成した。

☑ ⑥イギリスでは19世紀に労働者による参政権の拡大要求が[³²　]運動として広がった。20世紀には議会法で「[³³　]」を定め、国民が選挙で選んだ代表によって政治がおこなわれる制度が確立した。

☑ ⑦南北戦争の激戦地であったゲティスバーグで[³⁴　]がおこなった演説にある、「人民の、

〔³⁵ 〕、人民のための政治（政府）」との表現は民主主義理念を端的に示した。

☑ ⑧法の支配という考え方は、16世紀から17世紀にかけてのイギリスで発達した。法律家〔³⁶ 〕が国王ジェームズ１世に対して、「国王といえども神と法のもとにある」という13世紀の裁判官〔³⁷ 〕の言葉を引いて、法の支配を強調したことは有名である。

☑ ⑨20世紀の前半には、議会制民主主義を否定して一党独裁をとる〔³⁸ 〕という政治体制がみられた。イタリアのムッソリーニ政権やドイツのヒトラーによる〔³⁹ 〕政権はその例である。

☑ ⑩フランスの〔⁴⁰ 〕は『法の精神』を著し、三権を分立させて、権力の均衡と抑制することを主張した。

③ 世界のおもな政治体制

☑ ①イギリスの議院内閣制は民主政治の歴史のなかでつくられていった。「〔⁴¹ 〕は君臨すれども統治せず」の原則が活かされ、下院を中心とする議会政治が発達した。首相は〔⁴² 〕のなかから選出され、議会に対して責任をもつ、〔⁴³ 〕制度をとる。裁判所は、長く上院のなかにつくられた最高法院が担っていたが、近年の改革で新たに〔⁴⁴ 〕が設置された。

☑ ②アメリカの連邦議会は〔⁴⁵ 〕ごとに選出される上院と人口により各選挙区で選出される〔⁴⁶ 〕からなる。条約の承認権は〔⁴⁷ 〕にある。連邦最高裁判所は〔⁴⁸ 〕をもち、大統領は大統領選挙人によって選出される厳格な三権分立を特色とする。アメリカの大統領制度では、議院内閣制と違い、大統領に対する議会の〔⁴⁹ 〕権や、議会に対する大統領の〔⁵⁰ 〕権が認められず、また議員と行政各長官の兼務が禁じられている。さらに、大統領は議会への法案提出権がないかわりに、議会に〔⁵¹ 〕を送付し、法案の審議などを勧告する権限をもっている。

☑ ③フランスは〔⁵² 〕制をとる国である。首相は大統領によって任命される。大統領の任期は５年と長期にわたる。ドイツでは大統領はいるが、首相は〔⁵³ 〕によって選出される〔⁵⁴ 〕制である。

☑ ④中国は〔⁵⁵ 〕制といわれる共産党が一党独裁によって指導するしくみを特徴とする。

☑ ⑤ソ連はゴルバチョフの始めた〔⁵⁶ 〕により、体制変革を試みたが、経済困難がより進行し、さらに政治が混乱し、1991年の保守派のクーデタ失敗後に、ついにソ連は解体した。現在のロシアは〔⁵⁷ 〕制をとっている。

☑ ⑥東ヨーロッパ諸国は1989年の東欧革命で民主化されたが、同時に〔⁵⁸ 〕の動きが進行し、〔⁵⁹ 〕やチェコスロバキアは国が分裂した。

☑ ⑦発展途上国では、困難な経済状況のなか、政治的不安定からたびたび、軍部による〔⁶⁰ 〕がおこっている。軍部が政権を握ったり、〔⁶¹ 〕という経済発展のための独裁的権力構造がみられる。

☑ ⑧北アフリカでは長期独裁政権が続いたが、2010年代になると「〔⁶² 〕」といわれる民衆による民主化の動きがみられたが、政治的対立から混乱したり、再び軍部が政権を担うなどの動向がみられた。

Summary　日本国憲法の成立と基本的性格

❶ 大日本帝国憲法（明治憲法）の特色

1 制定過程　外見的立憲主義の必要

国会開設の要求、**自由民権運動の高揚**（藩閥政府への批判）→**私擬憲法**（植木枝盛ら）

条約改正（領事裁判権廃止）→近代的法治体制の整備…民法・刑法制定（民法典論争）

伊藤博文　プロイセン憲法などを模範に憲法調査、**内閣制度創設**

大日本帝国憲法発布（1889年）　⇨　第1回帝国議会開会（1890年）

2 明治憲法の特色　①天皇大権②不十分な権力分立③財産権など形式的**臣民の権利**

大日本帝国憲法		日本国憲法
1889（明治22）年2月11日公布	制　定	1946（昭和21）年11月3日公布
主権者＝天皇　**欽定憲法**	性　格	主権者＝国民　**民定憲法**
統治権の総攬者、元首、緊急勅令	天皇制	**象徴**、内閣による助言と承認
「**臣民**」の権利、**法律による制限**	人権保障	永久不可侵の権利、社会権も
天皇の協賛機関、貴族院・衆議院	国　会	国権の最高機関、参議院・衆議院
天皇の**輔弼機関**、天皇に対し責任	内　閣	議院内閣制、国会に対して責任
大審院、大津事件（児島惟謙）	裁判所	**違憲法令審査権**、司法権の独立
統帥権の独立、徴兵制	軍	**戦争放棄**、戦力不保持

3 大正デモクラシー

○護憲運動　○**天皇機関説**（美濃部達吉）、貴族院改革、**民本主義**（吉野作造）
○原敬政党内閣　→　**普通選挙法**（1925年、制限選挙を撤廃　加藤高明内閣）

4 軍部の台頭　治安立法（治安維持法など）強化　⇨　軍国主義へ

二・二六事件、国家総動員法

❷ 日本国憲法の制定

1945.8 ─▶ **ポツダム宣言受諾**　大日本帝国憲法の停止

　　　　GHQ（連合国軍最高司令官総司令部）の指令

　　　　　　軍国主義の除去　武装解除、軍需産業の解体、東京裁判（戦争犯罪者の処罰）

　　　　　民主主義の育成　憲法改正、女性参政権、治安維持法などの廃止

　　　　　　　　　　　　　　公職追放、内務省解体

1945.10 ─▶ 幣原喜重郎内閣へ憲法改正を示唆→**憲法問題調査委員会**（松本委員会）

　　　　　国体護持を前提としたため、審議進まず

1946.1 ─▶ 天皇の人間宣言

1946.2 ─▶ **マッカーサー3原則**（象徴天皇制、戦争放棄、封建的制度の廃止）

　　　　　松本案拒否　⇨　GHQ草案を提示（この間、各政党の改正案）

1946.4 ─▶ 新選挙法（満20歳以上の男女に選挙権）にもとづく総選挙

1946.6 ～▶ **帝国議会で憲法改正案を審議、修正ののち可決**

1946.11 ─▶ 日本国憲法公布　⇨　1947.5.3　施行（現：憲法記念日）

❸ 日本国憲法の三大基本原則

1 国民主権主義

①国民主権の理念…前文「国政は**国民の厳粛な信託によるもの**……人類普遍の原理」

○「人民の人民による人民のための政治(政府)」(リンカン)を想起

②天皇　**日本国の象徴**、日本国民統合の象徴　←　主権の存する日本国民の総意に
　　　　　　　　　　　　　　　　　　　　　　　　　もとづく

③天皇の**国事行為**　←　**内閣の助言と承認**(6条、7条)

　　○内閣総理大臣、最高裁判所長官の**任命**　○法律の公布　○国会の召集

　　○**衆議院の解散**　○総選挙の公示　○その他(栄典、儀式、大赦、認証)

　　○国政に関する権能もたず

2 **基本的人権の保障**…11条「侵すことのできない永久の権利」

①精神の自由、人身の自由、経済の自由を広く保障(政教分離・信教の自由など)

②**法の下の平等**を徹底(華族制度廃止、性差別の除去など)

③**社会権**を規定(生存権、労働基本権、教育を受ける権利)…20世紀的基本権

④基本的人権を確保する権利(**裁判を受ける権利**、請願権、刑事補償請求権など)

⑤裁判所に人権保障の責任を課したこと(**違憲法令審査権**)

3 **平和主義**　第二次世界大戦の反省　⇨　日本国憲法前文に

　フランス　1791年憲法、1793年憲法「征服のための戦争」を放棄

　不戦条約　1928年「国際紛争解決のための戦争を禁止」

　第二次世界大戦後の新しい憲法の動向　1946年フランス第4共和国憲法
　　　　　　　　　　　　　　　　　　　　1949年西ドイツ(ボン)基本法なども

| 9条 | ①国際平和を誠実に希求、国権の発動たる戦争と武力の行使は**永久放棄** |
| | ②陸海空軍その他の戦力は不保持、国の**交戦権を否認** |

　9条をめぐる解釈論争…自衛権の有無と自衛力の保持について

　憲法前文…「平和のうちに生存する権利」(平和的生存権)、恐怖と欠乏から免れ

4 **憲法の最高法規性**　11条(基本的人権の永久不可侵性)および第10章

97条	基本的人権の本質	人類の努力の成果、永久の権利として信託された
98条	**最高法規**	①その条規に反する法は無効　②条約は誠実に遵守
99条	**憲法の尊重擁護義務**	天皇、国務大臣、国会議員、裁判官、公務員

5 **憲法の改正**

①**硬性憲法**[改正手続が複雑]　⟷　軟性憲法

②発議　各議院の総議員の3分の2以上の賛成が必要⇨国民投票で**過半数の賛成**必要

③改正論議

改憲派(おもに保守派)	護憲(改憲反対)派(リベラル勢力)
押しつけ憲法論	国民に定着
9条改正、自衛隊の海外派遣へ積極的	解釈改憲への批判、平和運動の展開
国民の権利の一部制限など	機密保護法などに反対

④憲法調査会を設置(2000年)→憲法審査会(2007年)　国会内に

⑤憲法改正を選挙公約に　自由民主党　憲法改正案発表(2005年)
　　　　　　　　　　　　　　衆議院総選挙で3分の2以上の議席確保(2014年)

⑥国民投票法(2010年施行)　満18歳から投票権

⑦立憲主義

日本国憲法の成立と基本的性格

Speed Check!

❶ 大日本帝国憲法（明治憲法）の特色

☑ ①藩閥政府への批判から〔¹　〕が高揚し、近代的な議会の設立や憲法を制定すべきであるとの要求が強まった。政府は明治14年の政変に際して、憲法の制定と〔²　〕の開設を約束した。

☑ ②政府では〔³　〕が中心となり、ドイツに留学するなどして憲法制定の準備を進め、1885年には〔⁴　〕を創設し、みずから初代の内閣総理大臣となった。

☑ ③民権派の〔⁵　〕らは「東洋大日本国国憲案」などのいわゆる〔⁶　〕をつくる運動を展開し、国民主権を内容とする憲法草案を多数立案した。

☑ ④天皇に制定権がある〔⁷　〕として大日本帝国憲法は1889年2月11日に発布された。

☑ ⑤大日本帝国憲法には天皇の大権として、〔⁸　〕の制定、条約締結、宣戦の布告、戒厳令、陸海軍の〔⁹　〕などが規定された。

☑ ⑥人権については「〔¹⁰　〕の権利」として、財産権、信教の自由などの自由権の一部が「〔¹¹　〕ノ範囲内」でのみ認められた。

☑ ⑦国会は天皇の〔¹²　〕機関として位置づけられ、衆議院と〔¹³　〕で構成された。当初、衆議院議員総選挙の選挙権は、納税額によって一部の人々に認められた〔¹⁴　〕であった。

☑ ⑧裁判所は〔¹⁵　〕を頂点とする機構がつくられた。大津事件においては、院長〔¹⁶　〕によって司法権の独立が守られたといわれている。

☑ ⑨大正期になると第1次、第2次の〔¹⁷　〕がおこり、衆議院の多数党の党首が首相になる〔¹⁸　〕の慣行や満25歳以上の男子に選挙権が認められた〔¹⁹　〕選挙がおこなわれた。

☑ ⑩東大教授で憲法学者の〔²⁰　〕は「〔²¹　〕」を憲法学説として説き、同じく〔²²　〕は民本主義をとなえるなど、〔²³　〕という時代がみられた。

☑ ⑪1930年代になると、五・一五事件やクーデタ未遂の〔²⁴　〕事件によって政党内閣が続いた時代は終わり、軍部が支配する政治となった。戦時下ではドイツの全権委任法にならった〔²⁵　〕法により、議会を通さず国民の自由を制限し、国民を戦争に動員していった。

❷ 日本国憲法の制定

☑ ①占領軍の〔²⁶　〕は、占領政策として戦後改革をはじめ、つぎつぎと民主化政策の遂行を指令した。陸海軍の解体、〔²⁷　〕に対する軍事裁判、戦争協力者の〔²⁸　〕、国内政治の中心省庁であった〔²⁹　〕の廃止など、軍国主義の温床の除去をおこない、言論・出版の自由、信教の自由などの民主主義の育成措置をはかった。さらに、これら一連の改革の集大成として新憲法の制定を指令した。

☑ ②連合国軍最高司令官の〔³⁰　〕は、日本政府に憲法改正をするようにうながした。政府は内閣のなかに〔³¹　〕委員会を設けたが、天皇制を残すなど消極的なものであった。各政党や民間の団体も憲法草案をつくった。

☑ ③日本政府の改正案が明治憲法とほとんどかわらない内容であったため、総司令部は象徴天皇制、〔³²　〕、〔³³　〕の3原則をもとに憲法改正案を示した。これをもとに政府案をつくり、第90帝国議会で審議し、一部修正のうえ可決、日本国憲法として公布した。

☑ ④1946年4月には、[³⁴　]参政権が認められた総選挙がおこなわれ、数多くの女性議員も誕生した。

☑ ①日本国憲法は、国政は国民の厳粛な[³⁵　]によるものであり、これは人類普遍の原理であるとする。「人民の人民による人民のための政治(政府)」とのリンカンの[³⁶　]演説を思いおこさせる内容である。

☑ ②天皇の地位は[³⁷　]の象徴、[³⁸　]の象徴となった。その地位は[³⁹　]の存する日本国民の総意にもとづくとし、国政に関する[⁴⁰　]を有しないとした。

☑ ③天皇の[⁴¹　]は内閣の助言と承認により、法律の公布、[⁴²　]の召集、内閣総理大臣と最高裁判所長官の[⁴³　]、[⁴⁴　]の解散、[⁴⁵　]の公示など、おもに儀礼的なことをおこなうとされた。

☑ ④日本国憲法が国民に保障する基本的人権は、侵すことのできない[⁴⁶　]の権利として、現在および将来の国民に与えられるとした。[⁴⁷　]制度の廃止、性差別の除去など、法の下の平等を徹底した。自由権についても、[⁴⁸　]の自由に加え、精神の自由や人身の自由を広く保障している。

☑ ⑤20世紀的基本権といわれる[⁴⁹　]についても、多くの規定をもっている。

☑ ⑥違憲立法(法令)審査権を裁判所に与えて、[⁵⁰　]に人権保障の責務を課した。

☑ ⑦第二次世界大戦の惨禍に対する反省から、日本国憲法は平和主義を三大基本原則の1つと定めた。9条は「[⁵¹　]を誠実に希求し、[⁵²　]の発動たる戦争と、[⁵³　]による威嚇又は武力の行使は、国際紛争を解決する手段としては、永久にこれを放棄する」としている。さらに「陸海空軍その他の[⁵⁴　]は、これを保持しない」とし、「国の[⁵⁵　]は、これを認めない」としている。

☑ ⑧憲法98条には、憲法は国の[⁵⁶　]であって、その条規に反する法律、命令、詔勅及び国務に関するその他の行為の全部又は一部は、その効力を有しないと規定している。

☑ ⑨日本国憲法を尊重擁護する義務を、天皇及び国務大臣その他の[⁵⁷　]に負わせている。

☑ ⑩憲法の改正手続きが比較的簡単な憲法を[⁵⁸　]憲法といい、その反対に改正に複雑な手続きを必要とする憲法を[⁵⁹　]憲法という。日本国憲法は各議院の[⁶⁰　]の3分の2以上の賛成で改正を発議し、国民投票で[⁶¹　]の賛成を必要とするとしている。2010年には国民投票法が制定された。

☑ ⑪2007年からは国会に憲法調査会にかわり[⁶²　]が設置され、憲法改正についての与野党の議論がおこなわれている。

Summary 基本的人権の保障

❶ 基本的人権の保障

❶ 自由権的基本権（自由権）

①**精神の自由**

内心の自由　**思想・良心の自由**(19条)〔三菱樹脂訴訟〕

信教の自由、国の宗教活動の禁止　**政教分離**(20条)〔津地鎮祭事件〕

学問の自由(23条)〔東大ポポロ劇団事件〕

表現の自由　**集会・結社・表現の自由**、**通信の秘密**、検閲の禁止(21条)

②**人身の自由**…国家権力から不当に身体の自由を奪われない権利

奴隷的拘束及び苦役からの自由(18条)刑事被告人の権利(37条)

法定手続きの保障「**罪刑法定主義**」(31条)

不法に逮捕されない権利、**令状主義**(33条)、**自白強要の禁止**(38条)黙秘権

拷問・残虐刑の禁止(36条)→**死刑制度**に対して　死刑廃止条約(国連、1989年)

公開の裁判を受ける権利(37条)、弁護人依頼権(34条)

③**経済の自由**（経済的自由）　　**公共の福祉**を理由とした制限

財産権の保障(29条)

居住・移転・**職業選択の自由**(22条)〔薬事法違憲判決〕

❷ 平等権

①**法の下の平等**(14条)、貴族制度の廃止　〔尊属殺人重罰規定の違憲判決〕

両性（男女）の**本質的平等**(24条)

参政権の平等(44条)〔（衆議院・参議院）議員定数不均衡訴訟─各地で〕

②女性差別の解消へ　男女雇用機会均等法(1985年)、育児・介護休業法(1995年)

男女共同参画社会基本法(1999年)

セクシュアル・ハラスメントの防止、ジェンダー意識の問題

③マイノリティー差別解消　障害者差別解消法(2013年)、アイヌ民族支援法(2019年)

部落差別解消推進法(2019年)、ヘイトスピーチ解消法(2016年)

❸ 社会権的基本権（社会権）

①**生存権**(25条)　25条1項の性格

プログラム規定説、**具体(法)的請求権説**〔朝日訴訟〕〔堀木訴訟〕

②労働基本権　**勤労権**と**労働三権**⇨　労働三法の制定

勤労の権利(27条)

労働三権…**団結権**・団体交渉権・団体行動権(28条)〔都教組事件〕〔全農林事件〕

③ひとしく**教育を受ける権利**(26条)　教育基本法改正(2006年)

教育の機会均等〔旭川学力テスト事件〕〔家永教科書訴訟〕

❹ 基本的人権を確保する権利

①**参政権**　制限選挙⇨普通選挙へ

選挙権、公務員の選定・罷免権(15条)

最高裁判所裁判官の**国民審査**(79条)

地方公共団体の長・議員の選挙権(93条)　　**特別法の制定の同意権**(95条)

憲法改正の国民投票　(96条)

②**請願権**(16条)…署名活動、デモ

③請求権　損害賠償請求権(17条)

④刑事被告人の権利　**裁判を受ける権利**　(32条、37条)

冤罪事件→刑事補償請求権(40条)　〔免田事件〕〔松山事件〕

再審制度

5 公共の福祉と国民の義務

①「公共の福祉」による制限(13条)　○**権利の内在的制約**

②**基本的義務**　教育を受けさせる義務(26条)・勤労の義務(27条)・納税の義務(30条)

③精神の自由　○表現の自由の確保⇨**検閲**の禁止

　　　　　　　○通信の秘密　犯罪捜査のための**通信傍受法**(1999年)

④経済活動の自由　他の人権との調整の必要⇨独占禁止法、土地収用法、農地法など

❷ 新しい人権

1 新しい人権　←　憲法13条(個人の尊厳、幸福追求権)、21条、25条(生存権)

人権	プライバシーの権利	アクセス権	知る権利	環境権	自己決定権
根拠	13条	知る権利から	21条	13条、25条	13条
内容	私生活を公開されない権利	マス・メディアへの接近	情報を自由に得る権利	健康でよい環境を享受する	インフォームドコンセント
社会状況	個人情報保護の視点	マスコミの発達	情報公開制度などへ	環境アセスメント制度へ	高度医療・臓器移植など
判例	『宴のあと』事件など	産経新聞意見広告事件	外務省公電漏洩事件	大阪空港騒音公害事件	

①環境権←４大公害訴訟　○環境基本法、環境アセスメント(環境影響評価)法の成立

②プライバシーの権利　○個人情報保護法(1988年)⇨**個人情報保護関連法**(2003年)

〔『宴のあと』事件、『石に泳ぐ魚』事件〕　小説の題材

肖像権、忘れられる権利

③「知る権利」　⇨　情報公開制度、情報公開法の制定、アクセス権、報道の自由

2 基本的人権の国際的保障

① ILO (国際労働機関)条約⇨　労働三権、労働基準法

②世界人権宣言(1948年)⇨　**国際人権規約〔A規約、B規約〕**(1966年)

　　　　　　　　　　　⇧ローズベルト米大統領「四つの自由」に影響

③児童権利宣言(1959年)⇨　**児童の(子どもの)権利条約**(1989年)

④**女性(女子)差別撤廃条約**(1979年)

⑤難民条約(1951年)

⑥**地域的人権条約**　欧州人権条約(1950年)⇨人権裁判所の設置、米州人権条約(1969年)

⑦**人種差別撤廃条約**(1965年)

⑧**障害者権利条約**(2006年)

⑨人権活動をする NGO (非政府組織)　アムネスティ・インターナショナルほか

Speed
Check! ✓ **基本的人権の保障**

---

① 基本的人権の保障

☑ ①基本的人権とは、人間が人間として当然にもっている基本的な権利をいう。これは人は生まれながらに自由で[¹　]であり、何人も侵しえないとする[²　]思想に由来する。最初に成文憲法として規定したのは、1776年の[³　]である。

☑ ②基本的人権は、18～19世紀にかけて発達し、国家権力からの介入や干渉を排除しようとする[⁴　]的基本権と、20世紀に発達し、人々の生存を保障しようとする社会権的基本権の2つに大別される。

☑ ③社会権的基本権を憲法で最初に規定したのは、1919年の[⁵　]憲法である。さらに1948年に国連総会で採決された[⁶　]の前文には、ローズベルト米大統領が述べた「[⁷　]」の内容が引き継がれている。

☑ ④日本国憲法が規定している精神の自由としては、19条の[⁸　]の自由、20条の信教の自由、21条の表現の自由、23条の[⁹　]がある。

☑ ⑤憲法20条の[¹⁰　]は、宗教活動の自由を定めるだけでなく、厳格な[¹¹　]を定めて、国家が特定の宗教との関わりをもつことを禁じた。これに関する問題として、[¹²　]訴訟や靖国神社への閣僚の公式参拝問題などがある。

☑ ⑥憲法21条は、その他一切の表現の自由という表現で、広く表現活動の自由を認めた。これはさらに新聞や放送でのニュースについての[¹³　]の自由や、それのもとになる取材の自由を主張する根拠になっている。2項では[¹⁴　]をきびしく禁止している。

☑ ⑦人身の自由とは、人々が国家権力から不当に身体の拘束を受けない自由を意味する。日本国憲法は、13条で[¹⁵　]の尊厳を示すとともに、18条では[¹⁶　]的な拘束や苦役からの自由を保障し、31条は適正手続きの保障、すなわち[¹⁷　]主義を、33条以下では逮捕や捜査について[¹⁸　]主義や、取調べのときの自己に不利益な供述について[¹⁹　]権の保障や、弁護人依頼権、拷問や残虐な[²⁰　]の禁止、取調べでの[²¹　]のみを証拠とすることなどを禁じている。

☑ ⑧経済的自由の保障は、資本主義を法的に支える役割をもつ。29条は[²²　]権、22条は[²³　]および職業選択の自由を規定しているが、同時に「[²⁴　]」による制限も明記している。

☑ ⑨14条で法の下の平等を定め、24条では家庭生活における両性の[²⁵　]を、44条では参政権の平等を定めた。参政権の平等についてはいわゆる「[²⁶　]」の問題で違憲状態との判決が裁判所でくだされている。

☑ ⑩現代の憲法は国民の生存や福祉のため、社会権を規定している。日本国憲法も現代の憲法として、25条で[²⁷　]を、26条で[²⁸　]を、27、28条で[²⁹　]を保障している。

☑ ⑪1957～67年に国の生活保護の給付内容が不十分であるとして争われた[³⁰　]訴訟では、生存権について原告の具体的請求権説に対して、政府は[³¹　]を主張した。

☑ ⑫労働基本権は、27条の勤労権と28条の団結権・[³²　]・[³³　]の三権を保障して、労働者の権利を保障している。具体的には労働組合法・労働関係調整法が労働組合の結成と労使交渉のルールを定めている。

☑⑬26条は「すべて国民は、法律の定めるところにより、その能力に応じてひとしく〔³⁴　〕を有する」とする。この条項も生存権として考えることができる。第2項では「すべて国民はその保護する子女に〔³⁵　〕を受けさせる義務を負ふ」としている。なお、教育基本法が憲法体制を補完するものとして1947年に制定されていたが、2006年に大幅に改正された。

☑⑭人権を確保するために、参政権として選挙権を保障するばかりでなく、16条で〔³⁶　〕を定める。また、裁判を受ける権利や刑事補償を請求する権利を定めている。

☑⑮日本では死刑制度が存続しているが、憲法36条の〔³⁷　〕に反するのではないかとの主張がある。なお、国連は1989年に〔³⁸　〕を採択している。

☑⑯憲法21条は通信の秘密を定めているが、〔³⁹　〕が成立して、組織犯罪などへの対策として、犯罪捜査に限定して通信の傍受を許している。

❷ 新しい人権

☑①マス・メディアの急速な進歩によって、私生活や私事にわたる情報が広く公開されてしまうことがおこった。こうした状況で発達したのが、〔⁴⁰　〕である。日本国憲法13条の個人の尊厳をもとに「私生活の秘密を守る権利」として確立してきた。判例も三島由起夫の著した小説『〔⁴¹　〕』の事件でこの権利を認めている。

☑②地方公共団体では、条例によって個人情報の保護がおこなわれていたが、2003年から国のレベルの法律では〔⁴²　〕が成立した。この法律では、民間の個人情報の取扱いをしている事業者にも保護の義務を定めている。しかし、コンピュータやインターネットの普及で、大量の情報が流出する事件がおこっている。

☑③国や地方公共団体、大企業などが多くの情報をもつ情報化社会にあって、それらの情報を「〔⁴³　〕」が主張されている。これは同時に参政権との関係でも重要である。これらはアメリカではサンシャイン法として制定されて、国政を公開するうえで大きな役割を果たしている。日本の地方公共団体では情報公開条例が制定されていたが、1999年、国は〔⁴⁴　〕を成立させた。

☑④マス・メディアに対して、〔⁴⁵　〕が主張されることがある。情報の受け手である一般市民が、情報の送り手であるマス・メディアを利用して、自己の意見や主張を表明することのできる権利である。

☑⑤公害が深刻になっているなかで、憲法25条の「〔⁴⁶　〕で文化的な生活の保障」や、13条の幸福追求権をもとに主張されてきたのが〔⁴⁷　〕である。大阪空港騒音公害事件の訴訟で主張された。これがもとになり、〔⁴⁸　〕制度がつくられ、環境破壊への事前抑制の役割を果たしている。

☑⑥個人尊重の考え方は、医療に際しての〔⁴⁹　〕という自己の治療についての説明を受ける権利などを生んでいる。

☑⑦基本的人権は国際社会の共通の権利として守られようとしている。世界人権宣言は1966年には〔⁵⁰　〕として条約化され、批准した国は国内法を整備するようになった。

☑⑧ヨーロッパ諸国は1950年に〔⁵¹　〕を定めて、地域の人権保障に取り組んでいる。

Summary 平和主義と安全保障／地方自治

❶ 平和主義の理念と安保・自衛隊

❶ 平和主義　○前文…国際協調主義、**平和のうちに生存する権利**
　　　　　　　　○9条…[1項]戦争の放棄 [2項]戦力の不保持、交戦権の否認

❷ 自衛隊の発足と日米安全保障条約の締結　←　冷戦、**朝鮮戦争**の勃発

- 1950年—警察予備隊
- 1951——日米安全保障条約、サンフランシスコ平和条約、保安隊(1952年)
- 1954——自衛隊　←　**MSA協定**、池田・ロバートソン会談　**防衛庁**設置
- 1960——日本国とアメリカ合衆国との間の相互協力及び安全保障条約
　　　　　〔**共同防衛義務**、極東の範囲、**事前協議**、自衛力の増強義務〕

❸ 憲法の解釈論争　→　憲法改正問題へ発展

【政府】固有の自衛権あり　⇨　必要な実力の保持　⇨　自衛隊合憲
　　　　　　　　　　　　　　　　専守防衛に徹する
【学説】あらゆる戦争放棄　⇨　戦力の保持不可　⇨　自衛隊違憲(多数説)
　　　　侵略戦争を否認　⇨　自衛のための戦力可　⇨　自衛隊合憲(少数説)
[判例の動向]違憲論　　砂川事件の伊達判決、**長沼ナイキ訴訟の福島判決**
　　⇨　**統治行為論**　砂川事件の最高裁、恵庭事件1審、長沼ナイキ2審
　　　　　　　　　　　百里基地訴訟の水戸地裁(高度な政治性を理由に言及せず)

❷ 冷戦終結後の日本の安全保障

❶ 自衛隊の増強

①**シビリアン・コントロール**(文民統制)をめぐる国会論議
②防衛費増加傾向(**防衛力整備計画**)…GNPの1％枠→2022年大幅な増強、枠廃止
③シーレーン防衛など　防衛力のおよぶ範囲の問題
④ハイテク兵器の整備、ミサイル防衛網整備⇨**イージス艦**、迎撃ミサイルなど配備

❷ 日米体制の変化　安保条約の自動延長

①非核三原則「もたず」「つくらず」「もちこませず」(米軍による核もちこみ疑惑)
②武器輸出三原則(紛争当事国などへの武器輸出をしない)
　○対米武器技術供与(ミサイル・航空機の技術など)⇨**防衛装備移転三原則**(2014年)
③基地問題：米軍基地削減問題(沖縄**普天間基地**→**辺野古**への移転問題など)

❸ PKO協力法(1992年)←湾岸戦争後の自衛隊掃海艇派遣問題(1991年)

①自衛隊の海外派遣　カンボジア、モザンビーク、ゴラン高原などへ
②テロ対策特別措置法(2001年)
③**イラク復興支援特別措置法**(2003年)

❹ 周辺事態の変化への対応

①**有事法制関連三法**(自衛隊法改正、武力攻撃事態対処法、改正安全保障会議設置法)
②有事関連七法(国民保護法など、2004年)
③**日米防衛協力の指針**(新ガイドライン、1997年)⇨新ガイドライン関連法(1999年)
　○日米両国の行動・協力関係の強化　⇨　「日米同盟」への展開

④防衛省 …2022年防衛予算大幅増額(ロシア・ウクライナ侵略、中台情勢を背景)

❸ 地方自治のしくみと住民参加　　　　ブライス:「民主主義の学校」

地方自治の 本旨	団体自治	国からできるだけ独立して住民に関わる行政をおこなうこと
	住民自治	住民の意思にもとづき、みずからの手で地域の政治をおこなうこと

■ 地方公共団体の権限　「地方自治法」

①地方公共団体の長(首長)および議会議員の**直接選挙**(cf. 戦前知事は内務省から)

②地方公共団体の仕事　(1999年地方分権一括法で改正、従来は固有事務と委任事務)

自治事務	地方公共団体が法令の範囲で自主的に責任をもって処理する事務
法定受託事務	法令によって国の仕事を地方公共団体に委任している事務

　地方分権一括法による地方自治法の改正⇨機関委任事務の廃止

③**条例制定権**　「法律の範囲内で」

④特定の地方公共団体のみに適用される法律に対する住民投票(レファレンダム)

■ 地方自治の課題

①地方財源　「財政再生団体」(財政的に破産状態の市町村)も発生

　自主財源:地方税のみでまかなえず、「三割自治」

　依存財源:国庫支出金、**地方交付税交付金**(国からの財源に)

　地方債　:累積金額が多額に←総務省の許可

　地方公共団体の超過負担問題、「三位一体」の改革

②**平成の大合併**　地方の人口減少、財政難→**市町村合併**(3200→1730自治体へ)

③政令指定都市の拡大　20市(人口50万以上)　都市部の過密問題

　　　　　　　　　　　中核都市(人口30万以上、政令指定都市並みの権限)

④過疎問題　**限界集落**の増加　→　消滅地方公共団体

⑤国家戦略特区、構造改革特区などの制度を活用しての「まちづくり」

■ 住民参加…「地方の時代」(地方自治の活性化、住民参加の地方自治)

①住民運動　環境問題などに対して「**住民投票条例**」を求める署名運動など

②オンブズパースン制度

③特別法に対する住民投票(憲法第95条)…レファレンダム

④**住民の直接請求**

　条例の制定・改廃の請求権(イニシアティブ):有権者の50分の1以上　首長へ

　事務監査の請求:有権者の50分の1以上の署名　監査委員へ

　議会の解散請求:有権者の3分の1以上の署名(＊)　選挙管理委員会へ

　首長・議員の解職請求(リコール):有権者の3分の1以上(＊)　選挙管理委員会へ

　　→住民投票に付し、過半数の同意があれば辞職

　副知事・助役などの解職請求:有権者の3分の1以上(＊)　首長へ

　　→議会で、3分の2以上の出席、4分の3以上の同意で辞職

＊…有権者が40万人をこえる場合にあっては、こえる数に6分の1を乗じて得た数と
　40万人に3分の1を乗じて得た数とを合算して得た数

DAY 4

Speed Check!

平和主義と安全保障／地方自治

❶ 平和主義の理念と安保・自衛隊

☑①日本国憲法は前文で恒久平和主義と[¹　]を宣言し、さらに全世界の国民が[²　]を有することを確認するとしている。

☑②憲法9条は1項で[³　]を、2項で戦力の不保持と[⁴　]の否認を定めている。

☑③朝鮮戦争をきっかけとして、GHQの指示で1950年に国内の治安維持を目的とする[⁵　]が発足した。

☑④サンフランシスコ平和条約の締結とともに、アメリカとのあいだで[⁶　]が結ばれ、米軍の日本駐留が継続したが、日本による自国でのより一層の防衛努力が求められ、1952年に[⁷　]へと増強された。

☑⑤1954年、アメリカと[⁸　]が締結され、それにともない自衛隊として改組・増強された。また、内閣の組織として[⁹　]が設置された。

☑⑥1960年には安保条約の改定問題がおこり、大規模な反対運動がおきた。新安保条約には、米軍の出動について、[¹⁰　]制度などの事項が加えられた。

☑⑦1973年の[¹¹　]訴訟における札幌地方裁判所の福島判決は、自衛隊を違憲と判断した。一方で、こうした政治的な性質をもつ問題には裁判所は立ち入るべきでないとの[¹²　]という考えから、判断を示さない判例もみられた。

☑⑧自衛隊に関する憲法判断が求められた裁判には、北海道の牧場経営者が演習騒音に抗議した[¹³　]や、茨城県の航空自衛隊基地拡張に関しての[¹⁴　]などがある。日米安全保障条約について判例では、東京の横田基地の拡張をめぐる[¹⁵　]について、東京地方裁判所の伊達判決は違憲判断をしたが、上級審は憲法判断を避けた。

☑⑨いずれの国家も[¹⁶　]を有しており、[¹⁷　]という自衛のための必要最小限の実力をもつことは、憲法によって禁止されるものではないと政府の解釈がある。

❷ 冷戦終結後の日本の安全保障

☑①日本政府は核を「もたず、つくらず、もちこませず」という[¹⁸　]を政策を表明している。

☑②湾岸戦争に際して、自衛隊の掃海艇を派遣したりした。その後、新たな立法として[¹⁹　]が1992年に成立して、自衛隊の海外への派遣がおこなわれるようになった。

☑③2003年には[²⁰　]が制定され、自衛隊をイラクのサマーワに派遣した。陸上自衛隊は2006年まで、航空自衛隊は2008年まで活動した。

☑④日本周辺での平和と安全保障上の危機が発生した時、日米両国の行動や協力を内容とする[²¹　]関連法が1999年につくられ、日米の防衛協力関係がいっそう綿密になった。

☑⑤有事への対応への備えとして、2003年には自衛隊法改正などを内容とする有事法制関連三法が、2004年には国民保護法など[²²　]が成立した。

❸ 地方自治のしくみと住民参加

☑①イギリスの政治学者・政治家[²³　]は、著書『近代民主政治』のなかで「地方自治は[²⁴　]

20

の学校である」と述べた。フランスの政治家トックビルも『アメリカの民主政治』という著書のなかで、ほぼ同じことをいっている。

☑ ②戦前の日本の地方制度は中央集権的な色彩が強く、知事は[²⁵   ]省の任命であった。

☑ ③日本国憲法では、地方公共団体の組織および運営に関する事項は、地方自治の本旨にもとづいて[²⁶   ]でこれを定めるとする。地方自治の本旨とは、住民の意思を尊重した[²⁷   ]という考え方と、[²⁸   ]という国からの独立を主張する考え方の2つの意味をもっている。

☑ ④地方公共団体はその財産を管理し、事務を処理し、行政を執行することができ、[²⁹   ]の範囲内で[³⁰   ]を制定することができる。

☑ ⑤地方公共団体には住民が条例の制定および改廃を請求する[³¹   ]といわれる制度がある。さらに行政事務の監査を求める監査請求権、また議会の解散や首長の解職を請求する[³²   ]という制度がある。

☑ ⑥特定の地方公共団体にのみ適用される法律案への[³³   ]を憲法は定める。これを[³⁴   ]という。原子力発電所の設置の可否について住民投票条例をつくった市町村もある。

☑ ⑦地方公共団体の仕事は[³⁵   ]という法令の範囲内で自主的に地方公共団体が処理する事務と、[³⁶   ]という法令によって国の仕事を地方公共団体が委任されている事務がある。

☑ ⑧地方公共団体の仕事は、本来、[³⁷   ]などの独自財源でおこなうことが望ましい。しかし、財政力の小さい地方公共団体が多いため、[³⁸   ]や国庫支出金などの国の財源に依存せざるをえない状況にある場合が多い。なお、地方公共団体は財源の不足をおぎなうために国の省庁である[³⁹   ]の許可を得て、[⁴⁰   ]を発行して資金を集めることができる。

☑ ⑨地方財政のなかで国の負担すべき金額が実際にかかった経費よりも少ないために、地方公共団体がその不足部分を負担しなければならない問題を[⁴¹   ]という。

☑ ⑩歳入に占める自主財源の割合も低く、地方公共団体の権限が狭いこととあわせて「[⁴²   ]」といわれることもある。国と地方の税配分の見直しが検討されている。

☑ ⑪地方自治の確立とその活性化が注目され、それを表現した「[⁴³   ]」という言葉がある。地方は村おこしや住民参加の運動、住民運動の活発化などをする時代になっている。

☑ ⑫地方公共団体の財政難や地方の人口減少などを背景として平成の大合併という[⁴⁴   ]が進められ、全国の市町村は1700余りになった。さらに人口30万人以上の都市に[⁴⁵   ]並みの権限を付与する[⁴⁶   ]という制度もつくられて、合併を促進している。

☑ ⑬地方の[⁴⁷   ]は、人口の都市部への流出によって生じる。一定数の人口を維持することができなければ、まず商店がつぶれるなど商業施設が地域からなくなり、さらに学校などの公共施設、バスなどの公共交通もなくなり、地域社会を崩壊させることになる。地方の人口減少は地域の集団生活を困難にし、いわゆる「[⁴⁸   ]」を各地に発生させ、やがて、消滅地方公共団体へと展開していくことが心配されている。地方創生が叫ばれているが、前途は多難である。

☑ ⑭地方公共団体の仕事について、情報公開条例によって問題点を指摘したり、市民が[⁴⁹   ]制度という行政監察の制度を定着させているところもある。

① 日本の政治機構と国会

1 権力分立
- 立法権…国会(41条)
- 行政権…内閣(65条)
- 司法権…裁判所(76条)

チェック&バランス(抑制と均衡)

2 議院内閣制度

イギリス型の議院内閣制
1885年、内閣制度発足

＋

アメリカ型の厳格な権力分立制度
違憲立法(法令)審査権

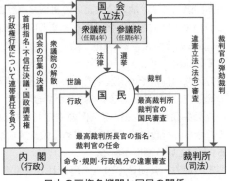

日本の三権各機関と国民の関係

3 国会の権限 国会審議活性法(1999年)

立法権の独占	「国権の最高機関であって、唯一の立法機関である。」(41条) [例外：裁判所の規則制定権、内閣の**政令**、地方公共団体の**条例**制定]
国会の権限	①法律の制定(59条)②予算の議決(60条)③**条約の承認**(61条) ④国政調査権(62条)⑤弾劾裁判(64条)⑥内閣総理大臣指名(67条) ⑦**内閣不信任決議**(69条　衆議院のみ) ⑧租税法律主義(84条)⑨憲法改正の発議(96条)
二院制度	衆議院と参議院(42条) [審議の慎重さ、参議院＝「良識の府」] **両院協議会**(59、60、61、67条)
衆議院の優越	①法律案の再可決(59条)②**予算先議**(60条)③条約承認(61条) ④**内閣総理大臣の指名**(67条)※⑤内閣不信任決議(69条)
国会の種類	常会(52条)毎年 1月、会期150日	臨時会(53条) 臨時に召集	特別会(54条) 総選挙後30日内	**緊急集会**(54条) 参議院のみ
特別委員会	常任委員会(衆議院17、参議院17)…内閣、外務、予算委員会など 特別委員会(随時に設けられる委員会)　一般の議案は過半数で議決

※参議院で10日以内に指名しない時、または衆議院と異なる指名をした時は衆議院の
議決とする

② 内閣のしくみと行政権の拡大

1 内閣制度の変化 「行政権は、内閣に属する」(65条)…行政機関の中心

憲　法	位置づけ	内閣総理大臣	国務大臣	公　務　員
明治憲法	天皇の輔弼機関	**超然内閣**	天皇の補佐	天皇の官吏
日本国憲法	国会に連帯責任	国会の指名	文民	**全体の奉仕者**

行政機関の最高機関…**閣議**

2 内閣総理大臣と国務大臣 連帯して国会に責任(**責任内閣制**)、文民であること
①内閣総理大臣：国会の指名、天皇の任命　**衆議院の解散権**、第一党の党首

②国務大臣　　：内閣総理大臣の任命、天皇の認証（**過半数は国会議員**）、閣議へ出席
　　　　　　　（国務大臣の訴追〈75条〉：内閣総理大臣の同意がなければ訴追できない）

3 内閣の権限

　　　　①**法律の執行**と国務の総理（73条1）　②外交関係の処理（73条2）
　　　　③**条約の締結**（73条3）　④官吏（かんり）に関する事務（73条4）
　　　　⑤予算の作成（73条5）　⑥**政令の制定**（73条6）　⑦恩赦（おんしゃ）の決定（73条7）
　　　　⑧臨時国会の召集（53条）　⑨**天皇の国事行為に関する助言と承認**（7条）
　　　　⑩参議院の緊急集会の要求権（54条）　⑪最高裁判所長官の指名（6条）
　　　　⑫最高裁の長官以外の**裁判官の任命**（79条、80条）

4 行政機能の拡大と民主化

　　　①福祉国家　⇨　行政の機能拡大　⇨　**行政権の拡大、行政国家化**へ（「大きな政府」へ）
　　　②行政権の優越　**委任立法の増大**、通達行政、専門分野での**行政裁量の拡大**
　　　　官僚制（ビューロクラシー）の問題：テクノクラート、国家公務員倫理法
　　　③行政改革：規制緩和、中央省庁再編**1府12省庁**、3公社民営化、郵政民営化

行政民主化	行政委員会	準司法・準立法的機能をもった一定の独立した機関
	オンブズパースン	スウェーデンで発達、**行政監察官**制度、会計検査院など
	国政調査権	国会の国政調査権の活用
	情報公開制度	情報を開示させて、国民の監視のもとにおく
	行政手続法	行政指導、許認可の範囲を明確にさせる

　　　※行政審議会（国民の各層の意見を反映させるための工夫）

❸ 裁判所と司法制度改革

1 司法権の独立　←　裁判の公正の確保

　　　①明治憲法下　「天皇ノ名ニ於テ」軍法会議・行政裁判所など**特別裁判所の設置**
　　　　児島惟謙（こじまいけん）［大審院（だいしんいん）長］…**大津事件**　司法権の独立を守る
　　　②日本国憲法　「司法権は、最高裁判所及び（中略）下級裁判所に属する」（76条1）
　　　③**裁判官の身分保障**　「その良心に従ひ独立」（76条3）「公の弾劾（だんがい）」（78条）
　　　④**裁判の公開**（82条）　⑤**違憲法令（立法）審査権**（81条）→「**憲法の番人**」

2 三審制

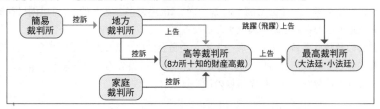

3 司法制度改革　法曹の養成⇨法科大学院（ロースクール）

　　　①**裁判員制度**　国民の裁判への参加、**裁判員法**（2004年公布・2009年施行）
　　　　地方裁判所の刑事事件で、裁判官とともに有罪・無罪、量刑を審理
　　　②当番弁護士制度…被疑者の人権保障のために、弁護人依頼権、法テラス
　　　③**検察審査会**…起訴に民意を反映、地裁ごとに11人の有権者により構成

政治機構

❶ 日本の政治機構と国会

☑ ①立法・行政・[¹　]の三権をそれぞれ国会・内閣・裁判所に属させる[²　]を採用している。三権は完全な独立ではなく、相互に抑制と[³　]がはかられている。

☑ ②立法権と行政権の関係では、内閣総理大臣は国会の議決で[⁴　]され、その他の国務大臣は内閣総理大臣によって[⁵　]される。内閣は国会に対して[⁶　]して責任を負う。

☑ ③立法権と司法権の関係では、裁判所に[⁷　]権が与えられ、国会に裁判官の[⁸　]裁判をおこなう権限を与えている。

☑ ④司法権と行政権の関係では、内閣は最高裁判所の長たる裁判官の[⁹　]をおこない、その他の裁判官の[¹⁰　]をする。裁判所は行政行為についての司法審査を通じて行政をチェックできるしくみになっている。

☑ ⑤日本国憲法では国会は国権の[¹¹　]機関として、国会優位を保障する規定をもっている。議院は衆議院と参議院の[¹²　]制をとっている。より慎重な審議という制度であり、議決は両院の意思の一致が原則として必要である。

☑ ⑥法律案などの議決に両議院の一致がみられない場合には[¹³　]が開かれ、話しあいがなされる。しかし、[¹⁴　]の優越の原則によって衆議院は参議院よりも強い権限が認められる。

☑ ⑦参議院に送付されてから30日を経て[¹⁵　]や[¹⁶　]の承認についての議決がなされない時は、衆議院の議決を国会の議決とする。内閣総理大臣の指名についても、参議院が[¹⁷　]日以内に指名の議決をしない時は、衆議院の議決が国会の議決となる。

☑ ⑧衆議院が解散中には参議院が[¹⁸　]を開いて、暫定的な議決をすることが認められている。

☑ ⑨日本国憲法は国会を唯一の[¹⁹　]機関として、立法権を独占させている。法律は国会のみがつくるのであり、天皇は法律を[²⁰　]する権能を有するにすぎないとしている。

☑ ⑩国会は3種に区別される。[²¹　]は、毎年1回1月に必ず召集され、会期は[²²　]日である。[²³　]については内閣は必要に応じて召集を決定することができ、また、いずれかの議院の要求によって開かれる。[²⁴　]は総選挙のあと[²⁵　]日以内に召集され、内閣総理大臣の指名と院の構成をおこなう。

☑ ⑪国会の審議は委員会中心主義をとる。委員会には予算委員会などの[²⁶　]委員会と、必要に応じて設けられる[²⁷　]委員会とがある。委員会の議決を経て、議長に送付された議案は定足数をこえた出席議員の[²⁸　]の賛成で決する。

❷ 内閣のしくみと行政権の拡大

☑ ①内閣は行政権を担当する。狭い意味では内閣総理大臣と国務大臣によって構成される[²⁹　]を意味することもある。

☑ ②内閣の首長である内閣総理大臣は、[³⁰　]のなかから国会で指名される。その他の国務大臣は内閣総理大臣が任命するが、シビリアン・コントロールの理由から[³¹　]から任命されなければならない。

☑ ③衆議院が〔³²　〕の決議をした時は、内閣総理大臣は〔³³　〕か、衆議院の〔³⁴　〕かのいずれ
　　かを選択しなければならない。
☑ ④内閣のおもな権限とされているものは、法律の誠実な〔³⁵　〕と国務の総理・処理および
　　〔³⁶　〕の締結、法律の定める公務員の人事行政、予算の作成、〔³⁷　〕の制定、恩赦の決
　　定などである。
☑ ⑤最高裁判所長官の指名とその他の裁判官の〔³⁸　〕、天皇の国事行為に関する〔³⁹　〕も内
　　閣の権限である。
☑ ⑥国務大臣は、在任中、不祥事があっても内閣総理大臣の同意がなければ〔⁴⁰　〕されない。
☑ ⑦福祉国家の役割が拡大するとともに、行政国家化、行政権の拡大という現象がみられ
　　た。政令や省令などの〔⁴¹　〕立法の増大や、〔⁴²　〕行政といわれる行政裁量の増大が指
　　摘されている。なお、行政裁量や行政指導については、その許認可の範囲や根拠を明確
　　にするために〔⁴³　〕が制定されている。
☑ ⑧日本の公務員は天皇主権のもとでは「〔⁴⁴　〕」であったが、現在は憲法15条によって
　　「〔⁴⁵　〕」と規定され、民主的行政の運営者として役割が期待されている。
☑ ⑨行政を民主的にコントロールする制度として行政機関から独立し、〔⁴⁶　〕的機能や準立
　　法的機能をもった〔⁴⁷　〕が設置されている。その例としては、厚生労働省関係の〔⁴⁸　〕
　　や公正取引委員会や国家公安委員会などがある。また、行政に国民や有識者の意見をと
　　りいれて、行政機関の恣意的な政策決定を抑制するしくみに〔⁴⁹　〕の設置がある。
☑ ⑩行政の肥大化現象を是正するためには、国会の〔⁵⁰　〕を強化したり、行政監察する制度
　　を設けたり、情報公開をすることで国民のもつ〔⁵¹　〕が保障されることが考えられる。

❸ 裁判所と司法制度改革

☑ ①裁判が公正におこなわれるために、「〔⁵²　〕」の原則が確立している。日本国憲法は、司
　　法権はすべて最高裁判所を頂点とする裁判所に属するものとし、また、〔⁵³　〕裁判所の
　　設置を認めず、行政機関は〔⁵⁴　〕として裁判をおこなうことができないとしている。
☑ ②司法権の独立は、裁判官の職権の独立をも意味している。裁判官は憲法および法律以外
　　の何ものにも拘束されずに、〔⁵⁵　〕に従い独立して職権を行使する旨を定めている。
☑ ③裁判所法は下級裁判所として高等裁判所、地方裁判所、〔⁵⁶　〕裁判所、軽い訴訟や罰金
　　刑などの審理をおこなう〔⁵⁷　〕裁判所の４種類の裁判所を定めている。裁判について
　　は、原則として第１審、〔⁵⁸　〕審、上告審の〔⁵⁹　〕制がおこなわれている。
☑ ④国民の裁判を受ける権利を保障するとともに、裁判の〔⁶⁰　〕を定めている。
☑ ⑤欧米では一般の市民が審理をおこなう陪審員制度や参審制度があるが、日本では2009
　　年から刑事事件の第１審に限定し、無作為に選ばれた市民が裁判官と一緒に裁判にあた
　　る〔⁶¹　〕制が実施されている。
☑ ⑥刑事裁判で冤罪という無実の罪に問われた事件がみられた。そこで〔⁶²　〕が認められた。
☑ ⑦刑事事件の起訴は検察官がおこなうが、犯罪被害者などが検察官の判断の妥当性を問う
　　ことのできる機関として〔⁶³　〕が設けられている。

Summary 現代日本の政治

❶ 政党政治の展開

1 政党 近代的政党(**大衆政党**)へ ← 名望家政党(議員政党)

①**公党**である必要 ← バーク(英)

政党とは「政治上の意見が一致する人々が**政権の獲得**をめざす政治的集団」

②政策を要約した綱領(マニフェスト)を提示、政治的リーダーシップの役割

③国民と政治とのパイプ役

2 政党政治

①二大政党制…政権の安定(アメリカ、イギリスなど)

与党:政権党、野党:批判チェック機能、対案の提示、「シャドー・キャビネット」

②多党制(小党分立制) **連立政権**になる可能性(不安定な傾向)

3 戦後の政党の変化 (55年体制とその終焉)

1945年	政党活動の自由 ⇨ 多くの政党の結成・復活、「日本共産党」再建	
1955年	**左右社会党の統一** ⇨ 「日本社会党」、	
	保守合同(日本自由党と日本民主党) ⇨ 「自由民主党」	
	55年体制 1と1/2体制 自由民主党の長期安定政権	
1960年代	**多党化**「公明党」「民主社会党(のち民社党)」「新自由クラブ」	
1990年代	自民分裂 ⇨(新生党、日本新党) ⇨ 「新進党」「新党さきがけ」	
	1993年 非自民連立内閣(細川内閣、羽田内閣)	
	1994年 自・社・さきがけ連立内閣(村山内閣、橋本内閣)	
2000年代	与党:自民・公明連立政権 野党:民主、社民、共産など	
2009年	政権交代 与党:民主・国民新党 野党:自民、公明、共産、社民など	
2013年	政権交代 与党:自民・公明 野党:民主、共産など	

4 日本の政党の特色

党員数が少ない ⇨ 党員費だけでの運営が困難 ⇨ 外部に運動・資金を頼る傾向

金権政治 ⇦ 「汚職事件」発生 ⇦ 構造汚職 ⇦┘

①派閥の形成(近代的な党運営を阻害)

②政治資金 派閥の維持に必要⇨業界団体や圧力団体に依存

「政・官・財」の癒着

③政界汚職事件の発生

1976年 ロッキード事件(田中角栄ら)→ 1988年 リクルート事件(竹下登ら)→

1992年 東京佐川急便事件 → 1993年 ゼネコン汚職事件

④政治改革 1993年 非自民連立政権 (細川護熙内閣)

政治資金規正法(透明化を期待)、政党助成法(政党活動費の一部を国で支給)

公職選挙法改正⇨小選挙区制の導入

⑤無党派層の拡大 「政党離れ」、地方の首長選挙などで顕著

❷ 選挙

❶ 民主的な選挙　　**普通選挙**[満18歳以上の男女]、**平等選挙**[だれもが1票]

　　　　　　　　　　直接選挙[候補者を直接選出]、**秘密選挙**[投票の秘密]

❷ 選挙区の種類

小選挙区	1区1人選出	衆議院小選挙区、参議院選挙区	二大政党が可能
中選挙区	1区2～5人選出	参議院選挙区の一部	大選挙区の一種
大選挙区	1区多数	市区町村議会議員選挙など	多党制の可能性
比例代表区	得票に比例し議席	衆議院比例代表区など	政党単位に投票

死票…当選者に結びつかない票、小選挙区制でもっとも多く発生する。

ゲリマンダー：特定の候補者に有利な選挙区(地域)の設定

❸ 日本の選挙制度

衆議院議員選挙 (総選挙)	小選挙区289名(1区1名) 比例代表176名(11ブロック)	小選挙区と比例代表の それぞれに投票(2票制)
参議院議員選挙	選挙区　148名(3年で半数改選) 比例代表100名(3年で半数改選)	非拘束名簿式比例代表制 議席数配分：ドント式

衆議院：小選挙区と比例代表に重複して立候補できる問題

議員定数の不均衡…「一票の価値」の不平等　定数是正がされない状況

　　参議院約5倍、衆議院約2倍　裁判所による違憲状態や違憲の判断

　　※10年ごとの国勢調査の結果を反映させた議員定数の改正が必要

❹ 選挙運動の問題：「**公職選挙法**」による制限、選挙管理委員会による運営

　　選挙違反：買収、戸別訪問の禁止、文書制限など、連座制の導入

❺ 投票率低下　政治的無関心層の増加、期日前投票制度導入、不在者投票制度の簡素化

❻ 満18歳選挙権実施(2016年～)　若年層の投票率が低い問題

❸ 世論

❶ マス・メディアと世論　世論にもとづく政治　⇨　民主政治

　①デモクラシー(大衆民主主義)⇨大衆の政治参加を可能に

　②マス・コミュニケーションの発達…新聞・テレビ・ラジオなど　「**第四の権力**」

　　　多量の情報(インターネットも)⇨**世論の形成**、一方で**世論操作**の危険性

❷ 政治的無関心の拡大　積極的無関心層(政治には強い関心はあるが投票せず)も

　　議会政治への不信⇨ファシズムへの危険

❸ 圧力団体(利益集団)：集団の**特定利益の獲得**を目的に政治に働きかける社会集団

　　　　　　　　　　経営者団体、労働団体、農業団体、宗教団体、職能団体など

　　族議員や**ロビイスト**への働きかけ、政治献金の提供

❹ 大衆運動　集会や**デモ行進**(請願、陳情)、署名運動

現代日本の政治

① 政党政治の展開

☑ ①政治上の主張を同じくするものが、[¹　]の獲得をめざす政治的集団が政党である。イギリスの政治家[²　]は政党は個別利益の追求ではなく、国民全体の利益を追求する[³　]でなければならないといった。

☑ ②政党が掲げた一定の政策を要約したものが[⁴　]である。近年はマニフェストともいわれて、選挙に際して、有権者はその内容を判断して投票することが求められている。

☑ ③政権についている政党を[⁵　]、政権外の政党を[⁶　]という。後者は[⁷　]を組織して、対案を提示する活動が期待されている。

☑ ④2つの政党が政権を争う政党のあり方を二大政党制といい、過半数に至らない多くの政党が分立している状況を[⁸　]制という。この場合は、連立によって政権が担われる。

☑ ⑤戦後、政党活動の自由が許されて、1945年には旧立憲政友会系の[⁹　]、旧立憲民政党系の日本進歩党、農村出身議員を中心に日本協同党が結成された。

☑ ⑥革新系政党では戦前の無産政党が大同団結して[¹⁰　]を結成し、[¹¹　]も合法政党として再建された。

☑ ⑦1955年には左右に分裂していた[¹²　]が統一し、保守系もこれに対抗して[¹³　]をおこない[¹⁴　]を結成した。ここに、2つの大政党によって政権が争われる、いわゆる「[¹⁵　]」が生まれた。

☑ ⑧1960年代と70年代にかけて、日本社会党から民主社会党が分離し、宗教団体を母体とした公明党が結成されるなどの[¹⁶　]といわれる状況になった。

☑ ⑨1990年代に入ると、既成政党への批判から新党が誕生した。1992年結党の日本新党や93年の新党さきがけである。1993年、自由民主党の竹下派が分裂して、その一部が離党して新生党を結成した。野党であったこれらの会派は共産党を除き、同年12月に細川護熙を首班に[¹⁷　]内閣を結成した。

☑ ⑩1994年には自民・社会・さきがけの3党連立による内閣がつくられ、社会党の[¹⁸　]が首相になった。

☑ ⑪2000年前後には自由民主党の議員の離反による新党の結成、社会党の分裂など政界再編もおこなわれ、2003年の総選挙では自由民主党と[¹⁹　]を軸に政権が争われる状況になった。2009年、2012年には両党のあいだで[²⁰　]がおきた。

☑ ⑫日本の政党は党員数が少なく、[²¹　]だけでは資金が足りず、党員の活動や運営が困難であるといわれる。そのため、外部に資金を頼る傾向が生じ、いきおい田中内閣を窮地におとしめた[²²　]事件やリクルート事件、佐川急便事件などの「[²³　]事件」をおこした。金権政治との批判もおきた。これに対して政治資金の透明化を目的とした[²⁴　]や政党に公的資金を支給する[²⁵　]が制定されている。

☑ ⑬世論調査で支持政党を問うと、支持する政党はない、と答える有権者がもっとも多く、政党離れをおこしているといわれる。こうした人々を[²⁶　]という。

❷ 選挙

☐ ①民主的な選挙のしくみは、選挙人の資格を財産などによって差別しない[27　]選挙、だれもが同じ票数を行使する[28　]選挙、候補者を直接選挙する[29　]選挙、だれに投票したかが他人にわからないようにする[30　]選挙の4つである。

☐ ②選挙区の制度はそれぞれの国によって異なっている。イギリス下院やアメリカ下院は1つの選挙区から1人を選出する[31　]選挙区がとられている。

☐ ③1つの選挙区から複数の議員を選出する選挙区を[32　]選挙区制という。1つの選挙区から2～5、6人を選出した改正前の衆議院議員選挙の選挙区を、とくに[33　]選挙区制という。

☐ ④参議院議員選挙の選挙区は都道府県ごとに選出する[34　]区と、[35　]制に1982年に改正された。かつて全国区といっていた大選挙区は廃止された。

☐ ⑤1994年の改正で、衆議院議員総選挙は[36　]区と全国を11のブロックにわけて、政党名を記した得票数に応じて議席配分される[37　]制から議員選出をすることになった。

☐ ⑥選挙で投票された票が、当選者に結びつかない票を[38　]という。こうした票がもっとも多い選挙区制は[39　]区である。

☐ ⑦比例代表制は政党名や個人に投じられた票が全体の票数のどの程度の割合かをもとにして、政党ごとに議席を配分する制度である。議席の配分の仕方はその発案者の名前から[40　]式といわれる。政党ごとにどの順位で議席を与えるかについて、あらかじめ順位が決められている方式を[41　]という。

☐ ⑧選挙区の境界は合理的根拠にもとづいておこなわれるべきだが、為政者が自己に有利なように選挙区を不自然に定めることがあった。これを[42　]という。

☐ ⑨選挙に関する法律である[43　]は選挙運動のルールとして、金品を贈って投票を依頼する[44　]や戸別訪問を禁止し、文書などの配布についての制限なども規定している。この法にもとづいて、中央や各地方の選挙管理委員会が選挙事務をおこなう。

☐ ⑩人口の社会的変動ともに、選挙区の議員定数は変化すべきものである。公職選挙法は[45　]の結果にもとづいて、定数是正をするように定めているが、現実には十分に実施されていないため、議員定数不均衡問題、いわゆる「[46　]」の不平等がおきている。

❸ 世論

☐ ①社会大衆に共通した意見を[47　]という。大衆民主政治は、国民大衆の意見にもとづく政治である。

☐ ②テレビなどのメディアや、新聞社や放送局などの[48　]は大量の情報を国民に伝達し、世論の形成に大切な役割をもち、「第四の権力」といわれることもある。

☐ ③議会政治に対する国民の不信は、やがて国民の[49　]を拡大する。マックス＝ウェーバーは、こうした傾向がやがてファシズムを生むと指摘している。

☐ ④集団の特定利益を獲得する目的で、政治に働きかける社会集団を[50　]という。経営者団体・労働団体・農業団体などがその例である。

☐ ⑤不特定多数の人々が、集会やデモ、署名活動で政治に働きかける運動を[51　]という。

Summary　経済社会の変容

① 経済活動の意義

■ **生産**　**生産要素**(**資本・労働力・土地**)を用いて、**財・サービス**をつくり出すこと

①生産要素の希少性→経済活動における選択　**トレードオフ**の状況

②**機会費用**　選ばれなかった選択肢から得られたであろう利益のうち最大のもの

③効率性(事実で判定可能)と公平性(価値基準にもとづく)

④**インセンティブ**…ある行動をとる誘因のこと

② 資本主義経済

■ **資本主義経済の成立**　絶対主義国家→市民革命→近代国家へ

①産業革命(18世紀後半、イギリス)←技術革新(蒸気機関・紡織機など)

　エンクロージャー(「囲い込み」)⇨農民から労働者へ、地主から資本家へ

　工場制機械工業←問屋制家内工業・工場制手工業(マニュファクチュア)

　安価な政府(「夜警国家」)

②資本主義経済の変容　**イノベーション**(**技術革新**)→重工業(化学・電気・自動車)

　世界的規模で拡大：イギリス→フランス→19世紀末ドイツ・アメリカ→日本

　大量生産→「**規模の利益**」→企業の大規模化⇨**独占資本主義**

　市場確保のために植民地の獲得競争→**帝国主義**⇨二度の世界大戦へ

③修正資本主義　**世界恐慌**(1929年アメリカで発生)⇨資本主義国へ波及

　倒産と失業←**完全雇用**のためには政府による**有効需要**の喚起(かんき)が必要：ケインズ学説

　混合経済：民間部門と公共部門の相互補完　「大きな政府」

④新自由主義　「大きな政府」の行き詰まり(1970年代～)　**マネタリズム**の主張

② 資本主義経済と社会主義経済

	資本主義経済	社会主義経済
原理	私有財産制・契約自由の原則→**自由放任**　市場経済・利潤の追求　**商品経済**	生産手段の国有・公有　**計画経済**、労働に応じた分配
問題点	景気変動がある(恐慌の発生)　貧富の差がある(階級対立)	生産意欲の不足、技術革新の遅れ　消費者の需要に対応できない
対応	自由放任経済への介入(**混合経済**)	市場原理の導入(**社会主義市場経済**)

③ 経済学説

古典経済学派	アダム＝スミス(英)	『諸国民の富(国富論)』1776	価格の自動調節機能(「見えざる手」)、**自由放任**政策。分業の利益。
	マルサス(英)	『人口論』1798	穀物法廃止に反対。食糧生産は算術級数的増加するが、人口は幾何級数的増加。
	リカード(英)	『経済学と課税の原理』1817	**労働価値説**。穀物法廃止賛成。比較生産費説による国際分業の利益。**自由貿易論**
歴史学派	リスト(独)	『政治経済学の国民的体系』1841	経済発展段階説による**保護貿易論**。ドイツの幼稚産業の保護。
マルクス経済学派	マルクス(独)	『**資本論**』1867	剰余価値説。資本主義経済批判から社会主義経済への移行を説く。

近代経済学派	シュンペーター（米で活躍）	『経済発展の理論』1912	イノベーション（技術革新）が資本主義経済発展の原動力。
	ケインズ（英）	『雇用・利子及び貨幣の一般理論』1936	乗数理論による国民所得決定のしくみ。政府の**公共投資**による**有効需要**創出が**完全雇用**実現に必要。ローズベルト大統領のニューディール政策に理論的根拠を与える。
	フリードマン（米）	『貨幣的安定を求めて』1959	**マネタリズム**。貨幣供給量の増加がインフレの原因。ケインズ政策に反対。

※1980年代にサッチャー（英）、レーガン（米）らは「小さな政府」の政策

❹ 国民経済の主体と相互関係

1 経済主体　企業：資本をもとに労働力を消費し、**財やサービスを生産**・流通
　　　　　　生産：機械や工場（固定資本）、原材料や労働賃金（流動資本）として展開
　　　　　　家計：財やサービスを消費し、**労働力を再生産**
　　　　　　政府：企業・家計から税金を徴収し、公共財や**公共サービスを提供**

2 家計
　①家計の所得＝勤労所得（賃金）＋資産所得（利子・配当）＋移転所得（年金など）
　②可処分所得＝所得－租税－社会保険料、（可処分所得＝**消費性向＋貯蓄性向**）
　③エンゲル係数：消費支出に占める食料費の割合、所得上昇により食料費の割合低下

3 企業の種類　　私企業、公営企業（市営地下鉄など）、公私合同企業（第三セクター）

4 会社の種類　※改正**会社法**成立（2005年）…有限会社の新規設立ができず
　①株式会社　　１人以上の**有限責任**株主、有限責任（自己出資額の限度で責任負担）
　②合名会社　　出資者は無限責任社員（個人企業が多い）
　③合資会社　　出資者は無限責任社員と有限責任社員（小規模会社）
　④合同会社　　出資者は有限責任社員

5 株式会社のしくみ：資本金を「株式（株券）」に分割、株式の購入者は株主に
　①所有と経営の分離　　株主と会社経営者が異なる場合あり、**株主総会**で経営方針
　　　　　　　　　　　経営者は株主総会で取締役として選任、取締役会で経営方針
　②株式市場：「株式」は市場で売買、株価は上下
　③株式発行で調達した資金（**自己資金**）と金融機関からの借り入れ・社債（**他人資本**）

6 企業の社会的責任（CSR）
　①社会的活動…**メセナ**（文化・スポーツ活動支援）、**フィランソロピー**（社会的貢献）、
　　　　　　　　ボランティア休暇制度など
　②コーポレート・ガバナンス（企業統治）…**ディスクロジャー**（企業情報開示）、
　　　　　　　　　　　　　　　　　　　　コンプライアンス（法令遵守）

7 現代の企業　　産業構造の転換→企業の構造改革
　①リストラクチャリング（事業の再構築）　外注（アウトソーシング）など
　②企業規模の拡大　**M&A**（合併・買収）、複合企業化（コングロマリット）
　③多国籍企業
　④ベンチャーキャピタル…成長性のある未上場企業に投資する会社

Speed
Check! ✓ **経済社会の変容**

❶ 経済活動の意義

☑ ①生産とは〔¹　〕を用いて生活に必要な財・〔²　〕をつくり出す行為である。

☑ ②生産に必要な資源は無限に存在するわけではなく、その資源をどれだけ用いるか、「どれを採用すれば、どれを諦めるか」という〔³　〕の状況が生まれる。選ばれなかった選択肢のなかで、最大利益の選択肢を〔⁴　〕という。

❷ 資本主義経済

☑ ①市民革命は経済分野では〔⁵　〕の保障と経済活動の自由をもたらしたが、これが資本主義的生産を刺激し、発展させた。

☑ ②産業革命は、18世紀後半から〔⁶　〕で始まり、蒸気機関の改良により機械の利用と大量生産を実現し、工場制手工業にかわる〔⁷　〕工業を生み出した。

☑ ③産業資本主義段階の資本主義国家は、自由放任主義を基本とし、経済への介入を最小限にすることを求められたので「〔⁸　〕」と呼ばれた。

☑ ④金融資本を中心とした独占資本が経済を支配し、原料や商品の市場として植民地の獲得をめざす〔⁹　〕と呼ばれる段階の資本主義を〔¹⁰　〕資本主義という。

☑ ⑤第二次世界大戦後の先進資本主義国は、労働者が失業していない状態である〔¹¹　〕の実現と国民に対しては社会保障の確立を政策目標として掲げる。こうした国家のあり方を「〔¹²　〕」という。

☑ ⑥経済の安定、経済成長の維持、富や所得の公平な分配などによって、国民生活を向上させるため国家が積極的に経済に介入する現代の資本主義を〔¹³　〕経済という。

☑ ⑦社会主義経済の原理として、生産手段の〔¹⁴　〕・公有をし、その生産量の決定は〔¹⁵　〕で運営され、生産されたものは労働に応じて分配されることがあげられる。

❸ 経済学説

☑ ①イギリスの経済学者〔¹⁶　〕は、その著書『〔¹⁷　〕』のなかで、価格の自動調節機能を神の「〔¹⁸　〕」になぞらえた。さらに、彼は一人ひとりの労働者に工場内での工程を分割して担当させ、協力して全工程をしあげる〔¹⁹　〕をすれば協業の利益を得るとした。

☑ ②イギリスの経済学者〔²⁰　〕は、地主階級の代弁者として穀物法の廃止に反対した。また、『〔²¹　〕』を著して、人口増加の問題を指摘した。

☑ ③ドイツの経済学者・哲学者である〔²²　〕は、唯物史観の立場から労働価値説にもとづき資本主義社会を分析した著作『〔²³　〕』をエンゲルスとともに著した。

☑ ④ケインズは1936年の主著『〔²⁴　〕』で、失業の原因を〔²⁵　〕の不足によるとして、雇用増進策の1つとして政府による〔²⁶　〕の増加を提案した。彼の考えによると、政府支出の増加は〔²⁷　〕理論により、その何倍もの国民所得の増加を生むとした。

☑ ⑤ケインズ政策の代表例として、1929年に発生した〔²⁸　〕に対するアメリカ合衆国の〔²⁹　〕大統領による〔³⁰　〕政策があげられる。

☑ ⑥オーストリア生まれで、アメリカで活躍した経済学者〔³¹　〕は、その著書『経済発展の

理論』のなかで、[³²　]（技術革新）が資本主義経済発展の原動力であると説いた。

☑⑦アメリカの経済学者[³³　]は、貨幣供給量の増加がインフレをまねくとし、ケインズ政策による国家の有効需要創出に反対した。政府は貨幣供給量を一定に保つべきだとする彼の考え方は[³⁴　]と呼ばれる。

☑⑧1980年代に、市場機能の回復による「小さな政府」をめざして、イギリス首相の[³⁵　]やアメリカ大統領の[³⁶　]は規制緩和や国営企業の民営化などを推し進めた。

❹　国民経済の主体と相互関係

☑①[³⁷　]とは企業や[³⁸　]に労働力を提供して賃金を受けとり、生活に必要な財やサービスを購入して[³⁹　]する経済主体である。

☑②企業は、資本をもとに原材料や[⁴⁰　]を消費して、財やサービスを[⁴¹　]・流通・販売する経済主体である。

☑③政府は、企業や家計から強制的に[⁴²　]を徴収して、公共財や公共サービスを企業や家計に提供している。

☑④資本主義経済においては、財・サービスや労働力の提供の対価として[⁴³　]の提供・支払いがあって、経済が循環（じゅんかん）している。

☑⑤労働力の対価として支払われるものは[⁴⁴　]、商品の対価として支払われるものは[⁴⁵　]である。

☑⑥機械や工場などのように、何回かの生産を通じてその価値を移転する資本を[⁴⁶　]資本、原材料などのように、1回の生産によって価値を全部移転してしまう資本を[⁴⁷　]資本という。

☑⑦会社企業には、無限責任社員からなる[⁴⁸　]、無限責任社員と有限責任社員からなる[⁴⁹　]、50人以下の有限責任社員からなる[⁵⁰　]、大企業に適した[⁵¹　]がある。

☑⑧現代の主要な企業形態である株式会社の最高議決機関は[⁵²　]であり、そこで選任された[⁵³　]が取締役会を構成し、会社の経営にあたっている。

☑⑨株式会社の出資者である株主は、自分の出資分のみの責任である[⁵⁴　]責任しかもたず、直接には経営に参加しない。これを「[⁵⁵　]」という。

☑⑩企業の社会的責任を果たす活動の1つとして、企業が芸術や文化活動に対しておこなっている支援活動を[⁵⁶　]という。

☑⑪企業の社会的責任を果たす活動の1つとして、福祉や地域の緑化活動、企業が所有する体育館やプールなどの施設の開放などの社会貢献活動を[⁵⁷　]という。

☑⑫経済活動の自由の原則にもとづいて経済活動を営む企業には、[⁵⁸　]といわれる法令の遵守（じゅんしゅ）や商品の安全性や経営上の問題も含めた情報の開示である[⁵⁹　]が求められている。

Summary 市場機能と市場の限界

❶ 市場経済

❶ 市場：様々な商品の買い手(需要)と売り手(供給)が取引する場

商品市場	金融市場	証券(株式)市場	労働市場	外国為替市場
価　格	利子率(金利)	株　価	賃　金	外国為替相場

❷ 市場メカニズム

①需要・供給の法則(第1図)

	需要(D)	供給(S)
価格上昇	減　少	増　加
価格下落	増　加	減　少
	需要曲線右下がり	供給曲線右上がり

②価格の自動調節機能(第2図)

需要＜供給(P₁)	価格下落⇨需要増加・供給減少
需要＞供給(P₂)	価格上昇⇨需要減少・供給増加
需要＝供給(P)	均衡価格成立⇨均衡取引量成立

③需要(DD′)・供給(SS′)曲線の移動(第3図)

a	需要量の減少	失業・増税による所得の減少 流行遅れなど嗜好にあわない
b	需要量の増加	賃上げ・減税による所得の増
c	供給量の減少	原材料価格・消費税率の上昇 冷害による凶作・環境税の新設
d	供給量の増加	技術革新による大量生産 好天候による豊作

❸ 完全競争市場の成立条件

需要・供給者が多数いる(独占の不成立)

供給される商品が同質、市場に自由に参入可能

「情報の非対称性」が成立していないこと

❹ 市場の失敗(市場経済において価格メカニズムが機能しないこと)

公害などの外部不経済(公害防止の社会的費用の例)

外部経済(有益な経済効果の場合)

公共財・公共サービスの提供、寡占による**価格の下方硬直性**、所得分配の不平等

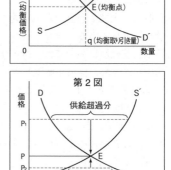

第1図

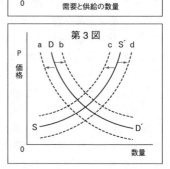

第2図

第3図

⑤ 価格の種類

生産価格		平均生産費＋平均利潤。自然価格
独占 価格	寡占価格	寡占企業による協定価格
	管理価格	プライスリーダーによる協調価格

市場価格	市場の需給関係で上下
公定価格	政府や議会が決定・認可する（公共料金など）

⑥ 独占　寡占（少数の大企業によって市場が支配されている⇨自由競争の制限）

①成立過程　自由競争⇨規模の経済⇨過剰生産恐慌⇨生産（資本）の集積・集中⇨独占

②種類　完全独占（1社）　複占（2社）　寡占（数社）　ガリバー型寡占

③形態

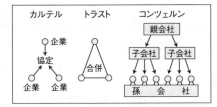

コングロマリット：異なる産業部門の収益性が高い企業を買収・合併（M&A）した複合企業

多国籍企業：複数の国に子会社や系列会社をもつ世界的企業

コンツェルン：財閥として銀行を中心とする企業集団を展開

④弊害　価格の下方硬直性、管理価格、ダンピング、非価格競争

　　　※再販売価格制度は価格管理が認められているもの

⑤独占禁止法（1947年）　公正取引委員会の設置、公正な競争の確保

　　　不当な取引制限の禁止（カルテル・談合の禁止）、持株会社の禁止⇨現在は解禁

❷ 物価の動き

①物価…個々の商品の価格を平均した総合的数値

物価指数…基準年を100として、物価の動向を指数として表したもの

消費者物価指数（消費者の最終消費の動向）、**企業物価指数**（企業取引の動向）

②インフレーション（インフレ）…貨幣価値下落、実質賃金低下、預貯金目減り

　　　　　　　　　　　　　　⇨年金生活者圧迫

原因分類	ディマンド・プル・インフレ（需要超過）	財政インフレ、信用インフレ（中央銀行のオーバーローン）、輸出インフレ（輸出増加で外貨が通貨量を膨張）
	コスト・プッシュ・インフレ（費用上昇）	賃金インフレ、生産性格差インフレ、管理価格インフレ（価格の下方硬直性）、輸入インフレ（輸入品価格上昇）
形態分類	**クリーピング・インフレ**	年率2〜3％、じわじわと長期間にわたる物価上昇、管理通貨制度下の先進国で発生（しのびよるインフレ）
	ギャロッピング・インフレ	年率数％〜数十％程度、石油危機（1973年）の狂乱物価
	ハイパー（超）・インフレ	月50％以上、日本の戦後インフレ

スタグフレーション…不況にもかかわらず物価が上昇

③デフレーション（デフレ）…継続的な物価下落⇨不況に、消費の冷え込み

　　　　　　　　　　　　　　⇨モノが売れず

デフレ・スパイラル（物価の下落と不況の進行が悪循環しながら進行）

平成不況期　1990年代以降　物価下落　デフレーション

市場機能と市場の限界

❶ 市場経済

☑ ①ある財の買い手が所得から、その財を購入することを[¹　]といい、売り手がその財を提供することを[²　]という。

☑ ②需要と供給が出会い、その結果として様々な財やサービスの価格が決まる場を[³　]といい、商品市場、金融市場、株式が売買される[⁴　]、労働市場、外国の通貨が売買される[⁵　]がある。

☑ ③市場の機能により、資本や労働力などの資源がもっとも有効に利用される分野に配分される経済のしくみを[⁶　]という。

☑ ④商品市場の価格にあたる機能をしているものは、金融市場では[⁷　]、労働市場では[⁸　]、外国為替市場では[⁹　]である。

☑ ⑤需要と供給の法則が成り立つのは、売り手と買い手がともに多数いて、そのあいだで自由競争がおこなわれ、[¹⁰　]が十分買い手にいきわたっている[¹¹　]市場の場合である。商品に関してもっている情報が、売り手と買い手で差がある場合を「情報の[¹²　]」があるという。

☑ ⑥縦軸に価格、横軸に供給量と需要量をとると、価格が高くなると需要量は減少し供給量は増加するが、価格が下がると需要量は増加し供給量は減少すると考えられるので、[¹³　]曲線は右下がり、[¹⁴　]曲線は右上がりに表される。

☑ ⑦完全競争市場において、ある財について超過需要がある場合には価格が[¹⁵　]し、それにともない需要量が[¹⁶　]し、供給量が[¹⁷　]するため、両者が均衡する。これを価格の[¹⁸　]という。

☑ ⑧完全競争市場において、需要量と供給量が一致する場合、その価格は[¹⁹　]と呼ばれる。

☑ ⑨完全競争市場において、技術革新によってある財の生産性が向上した場合、その財の[²⁰　]曲線は[²¹　]方向にシフトし、均衡価格はそれまでの価格より[²²　]する。

☑ ⑩平均生産費に平均利潤を加えた価格を[²³　]といい、アダム＝スミスはこれを自然価格と呼んだ。

☑ ⑪寡占によって自由競争が成立しない場合や公害などの[²⁴　]が存在する場合、あるいは警察などの公共サービスや社会資本などの[²⁵　]を提供する場合には、市場メカニズムによる効率的な資源の配分が達成されない。これを[²⁶　]と呼ぶ。

☑ ⑫高速道路のインターチェンジがつくられるなど、市場での売買を通さずに、便益をもたらすことを[²⁷　]という。

☑ ⑬企業は、利潤を蓄積し規模を拡大する生産(資本)の[²⁸　]によって成長するが、時には合併や買収などによって生産(資本)の[²⁹　]をなし、規模の拡大や経営の多角化を実現する。

☑ ⑭独占のうち、1社で市場を支配する場合を[³⁰　]といい、数社で市場を支配する場合を[³¹　]という。

☑ ⑮巨大な1社が市場の圧倒的なシェアを占めている寡占を[³²　]寡占という。

☑ ⑯同一産業の企業が、独立性を保持したまま価格や生産量などで協定を結んで市場の支配をはかる、独占の一形態を〔³³　〕という。

☑ ⑰同一産業のいくつかの企業が、独立性を失い合併して市場の支配をはかる、独占の一形態を〔³⁴　〕という。また、株式所有や役員の派遣などによって、異なる産業の企業が形式的には独立したまま相互に結合し、経済活動の多面にわたって支配力を高めようとする独占の一形態を〔³⁵　〕という。

☑ ⑱巨大企業が収益性の高い他産業の企業を買収し、経営の多角化をはかっている複合企業を〔³⁶　〕という。また、複数の国に子会社や系列会社をもつ世界的企業のことを〔³⁷　〕という。

☑ ⑲独占の弊害として、管理価格の設定による「〔³⁸　〕」の発生、自由競争の制限による経済発展の阻害、大企業による市場支配のための新規参入企業の減少、技術独占、下請企業の〔³⁹　〕支配などがあげられる。

☑ ⑳品質の〔⁴⁰　〕やデザイン・宣伝・広告など、企業が価格以外の面でおこなう競争を〔⁴¹　〕という。

☑ ㉑戦後から金融再編が実施されるまで日本では〔⁴²　〕を中心に〔⁴³　〕が形成され、様々な産業分野の企業が〔⁴⁴　〕の相互保有や社長会、役員の相互派遣によって連携していた。

☑ ㉒公共事業の入札の際に、入札価格や業者間の利益配分、落札業者を事前に話しあって決める〔⁴⁵　〕、シェアの拡大や競争に勝つために販売価格を不当に安くする〔⁴⁶　〕、メーカーが卸売価格や小売価格を指定して問屋や小売店に商品を供給する〔⁴⁷　〕制度は、〔⁴⁸　〕法で禁止されている。

❷ 物価の動き

☑ ①個別の財やサービスの価格ではなく、経済全体の財やサービスの平均的な価格水準を〔⁴⁹　〕といい、〔⁵⁰　〕と消費者物価指数により、物価の動きが示されている。

☑ ②〔⁵¹　〕とは物価水準が持続的に上昇する状態をいい、〔⁵²　〕とは物価水準が持続的に下落する状態をいう。

☑ ③完全雇用状態において、生産能力の伸びより早く総需要が増加するためにおこるインフレを、〔⁵³　〕と呼ぶ。

☑ ④生産要素の価格上昇が費用を増加させるためにおこるインフレを、〔⁵⁴　〕と呼ぶ。

☑ ⑤戦後の先進国では、不況期には寡占による価格の〔⁵⁵　〕があり、好況期の価格上昇ともあいまって長期的には物価は上昇した。この継続的で緩慢な物価の上昇を「〔⁵⁶　〕」、あるいは「しのびよるインフレ」と呼んでいる。

☑ ⑥1970年頃先進資本主義諸国は、景気後退のもとで物価が上昇するという〔⁵⁷　〕におちいった。

☑ ⑦バブル経済崩壊後の日本では、長期的な不況と低成長が続き、円高もあって、物価の下落が続いた。このような物価の下落と不況の進行が悪循環する状態を〔⁵⁸　〕という。

☑ ⑧1970年代の石油危機の時に発生したような、狂乱的な物価上昇を〔⁵⁹　〕という。

Summary　経済成長と景気変動

① 国民所得

1 国内総生産　フロー（１年間、四半期の生産高）でみた国の経済

①国内総生産（**GDP**）＝国内の総生産物の市場価格の合計－中間生産物価格

実質 GDP ＝名目 GDP ÷ **GDP デフレーター**（物価指数）　＊物価変動要素を除く

一人あたり GDP ＝ GDP ÷その国の人口

②国民総所得（**GNI**）＝ GDP ＋海外からの所得の純受取（海外の収入－海外への支出）

○国民総所得＝国民総生産（GNP）

※内閣府は2000年から国民所得総計を、GNP から GNI（国民総所得）に変更

③国民純生産（**NNP**）＝ GDP －**固定資本減耗**（減価償却費）

④国民所得（**NI**）＝ NNP －間接税＋補助金

2 国民所得の三面等価　生産国民所得額＝分配国民所得額＝支出国民所得額

①生産国民所得＝第一次産業所得＋第二次産業所得＋第三次産業所得

②分配国民所得＝雇用者所得＋企業所得＋財産所得

③支出国民所得＝個人消費＋国内資本形成（貯蓄）＋政府支出＋経常海外余剰

3 GDP指標の限界　市場取引のみ計算（家事労働は入らず）

国民純福祉（NNW）や**グリーンGDP**（環境対策を算入したもの）

人間開発指数（HDI）　持続可能性指数　国民幸福度（GNH）なども提案

4 国富（ストック＝実物資産の蓄積）　個人資産＋企業資産＋政府資産の総計

生産関連社会資本は高いが、生活関連社会資本は不十分（日本は土地評価額が多い）

② 経済成長と景気変動

1 経済成長…一定期間（１年間）の経済規模の拡大

①**経済成長率**　物価変動の影響を除いた経済規模の伸び率

実質経済成長率＝（ある年の実質 GDP －前年の GDP）÷（前年の GDP）×100％

②経済成長の要因

イノベーション（技術革新）　⇨　**R&D（研究開発投資）**の必要

産業構造の高度化（ペティ・クラークの法則）

経済成長にともない、第一次産業から第二次・第三次産業の比重が高まる

重化学工業化（ホフマンの法則）…軽工業から重化学工業の比重が高まる

経済のサービス化・ソフト化…「第三次産業就業者の割合が50％をこえる」

（ダニエル＝ベル『脱工業化社会』）

高付加価値製品への生産の転換

ほかに、労働人口の伸び、資本ストックの伸びも要因として指摘

❷ 景気変動（景気循環）

①変動局面

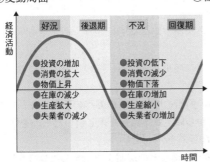

②種類

名　称	周　期	変動の要因
キチンの波	約40カ月 短期循環	企業在庫の増減 （**在庫循環**）
ジュグラーの波	7〜10年 中期循環	設備更新のため投資 （設備投資循環）
クズネッツの波	約20年 建設循環	住宅などの建てかえ （建築循環）
コンドラチェフの波	約50年 長期循環	技術革新をはじめ、 資源産出、農業革新

③恐慌の発生

不況が急激で落ち込み幅が大きく、長期化する状況

1929年の世界恐慌（大恐慌）←ケインズの有効需要の理論

中央銀行の金融緩和、政府の財政支出拡大

リーマン・ショック（2008年）⇨金融危機

④イノベーション（技術革新）

シュンペーター（1883–1950）『経済発展の理論』で長期循環の要因

ⅰ）産業革命（18世紀後半）　　　ⅱ）製鉄業の技術革新（19世紀後半）

ⅲ）大量生産システム（20世紀初）　ⅳ）コンピュータ、AI（現在21世紀）

❸ 景気変動と金融・財政政策（ポリシー・ミックス）

	経済の状況	景気過熱・インフレ	不　況　期
金融政策	金融政策の方向性	金融引締め（**通貨供給量減少**）	金融緩和（**通貨供給量増加**）
	無担保コールレート操作 （金利政策）	超短期の銀行貸し出金利上げ （**日銀貸出し減少**）	超短期の銀行貸し出金利下げ （**日銀貸出し増加**）
	公開市場操作	**売りオペレーション** （債券を市中銀行に**売却**）	**買いオペレーション** （債券を日銀が**購入**）
	預金（支払）準備率操作	準備率引上げ （**信用創造減少**）	準備率引下げ （**信用創造増加**）
政府	財政政策（フィスカル ポリシー）	**公共投資を抑制** 増税	**公共投資の増加** 減税、社会保障費の増額

※日本銀行は公定歩合（基準割引率及び基準貸付利率）操作を金利政策として実施せず

①超低（ゼロ）金利政策　⇨　2024年ゼロ金利政策の解除

②量的緩和政策（2001年〜）　⇨　インフレターゲット　2％を設定（2013年〜）

③外国為替相場の安定（為替平衡操作）：

円高→円売りドル買い介入

円安→円買いドル売り介入　2022年急激な円安に対して政府の介入

経済成長と景気変動

❶ 国民所得

☑ ①〔¹　〕は、1年間に国内で生産した財・サービスを市場価格ではかり、そこから生産に用いた〔²　〕の価額を差し引いた金額である。

☑ ②内閣府は国民所得統計を国民総生産から〔³　〕に変更している。この2つの数値は同一である。

☑ ③GDPに海外からの所得の純受取(海外からの所得の受取から海外への所得の支払いを差し引いたもの)が〔⁴　〕である。またGDPから固定資本減耗を差し引いたものを〔⁵　〕といい、GNIから固定資本減耗を差し引いたものを〔⁶　〕という。

☑ ④財やサービスを生産するために、用いた機械や設備などの摩滅を更新するための費用を〔⁷　〕(固定資本減耗分)という。

☑ ⑤NNPから間接税を差し引いて、補助金を加えたものを〔⁸　〕という。

☑ ⑥国民所得は、〔⁹　〕国民所得・〔¹⁰　〕国民所得・〔¹¹　〕国民所得の3つの所得にわけてとらえられる。これらは、同一のものを3つの側面からみたものであるから、国民所得の〔¹²　〕の原則と呼ばれる。

☑ ⑦分配国民所得には、労働者に支払われる賃金を中心とする〔¹³　〕所得、株主や預金者などへの配当・利子などの〔¹⁴　〕所得、企業の手元に残る利潤などの〔¹⁵　〕所得の3つがある。

☑ ⑧支出国民所得には、消費財の購入である〔¹⁶　〕支出、投資財への支出である〔¹⁷　〕、そして政府支出がある。さらに、外国への販売である輸出と外国の生産物の購入である輸入を差し引いた経常海外余剰を第4の項目としている。

☑ ⑨国富のようにある特定時点での実物資産額を示す指標を〔¹⁸　〕、国内総生産や国民所得のように特定の期間内での経済活動の大きさを示す指標を〔¹⁹　〕という。

☑ ⑩国富とは一国の過去から現在までの経済活動によって蓄積された〔²⁰　〕と対外純資産の合計である。

☑ ⑪国民総生産から公害対策費などを差し引き、〔²¹　〕や余暇時間などの価値を加えた指標を〔²²　〕(国民純福祉)という。

☑ ⑫日本の国富は、〔²³　〕評価額が高く、生活関連社会資本が低い一方で、〔²⁴　〕が高い。

☑ ⑬名目国民所得を、ある年を基準とした物価指数で割った(デフレーターした)ものを〔²⁵　〕国民所得という。

❷ 経済成長と景気変動

☑ ①実質国民所得または実質国民総生産の増加ではかった経済規模の拡大を〔²⁶　〕という。

☑ ②経済成長にともない、第一次産業の比重が下がり、第二次・第三次産業の比重が上がる傾向を産業構造の〔²⁷　〕という。また、この提唱者と実証者の名前をとって〔²⁸　〕の法則とも呼んでいる。

☑ ③経済成長が産業構造の高度化や重化学工業化をもたらす要因として、企業にとって労働集約的生産よりも、資本集約的生産の方が〔²⁹　〕が高いものを生産できること、消費者

の〔³⁰　〕の向上によってより品質がよい商品が望まれることがあげられる。

☑ ④物価変動の影響を除いて、経済規模の伸び率を表した指標が〔³¹　〕である。

☑ ⑤景気は、〔³²　〕・回復期・〔³³　〕・後退期の４つの局面順に周期をもって変動している。

☑ ⑥不況のなかでも、急激で大きい景気の後退を〔³⁴　〕という。

☑ ⑦景気変動で、長期循環のうちもっとも長い周期は50年から60年周期の〔³⁵　〕の波で大規模な〔³⁶　〕や資源開発に起因し、15年から25年周期のクズネッツの波は〔³⁷　〕に起因する。

☑ ⑧７年から10年周期の中期循環は〔³⁸　〕の波または主循環と呼ばれており、〔³⁹　〕に起因するとみられている。

☑ ⑨４年前後の周期の短期循環は〔⁴⁰　〕の波と呼ばれており、〔⁴¹　〕に起因すると思われる。

☑ ⑩『経済発展の理論』で〔⁴²　〕の述べたイノベーション（技術革新）は、コンドラチェフの波の要因と考えられ、現在までに４つの波が考えられている。その第１は18世紀後半にイギリスで始まった〔⁴³　〕、第２の波は19世紀中頃からの製鉄業の発展、第３の波は20世紀初頭からの電気の利用や自動車産業などでの大量生産システムの発展、第４の波は現在の〔⁴⁴　〕の利用やAIの発展である。

☑ ⑪好況期は需要が高まり、投資が盛んになり雇用や所得が増加するが、〔⁴⁵　〕も上昇する。不況期は、生産が縮小し、企業の〔⁴⁶　〕が増加し、失業率も上昇する。そこで、安定的に経済が推移し、社会が混乱しないようにすることが求められる。そこで中央銀行による〔⁴⁷　〕政策、政府による〔⁴⁸　〕政策が実施される。これらは連携して、一体となって展開されるので〔⁴⁹　〕といわれる政策である。

☑ ⑫〔⁵⁰　〕とは、中央銀行が市中の金融機関に対し債券を購入したり、売却したりすることで、〔⁵¹　〕オペレーションをおこなえば、民間からの債券を中央銀行が購入するため、中央銀行から貨幣が出ていくので、通貨供給量が増加し、景気が刺激される。その反対に〔⁵²　〕オペレーションをすれば、通貨が中央銀行に吸い上げられて、通貨供給量は減少し、景気の過熱はおさえられる。

☑ ⑬日本銀行が預金準備率を〔⁵³　〕と、銀行が貸出し可能な預金量が減少するため信用創造でつくり出される預金合計額が〔⁵⁴　〕し、金融が引き締められる。預金準備率が〔⁵⁵　〕と信用創造額が増えて、金融が緩和される。

☑ ⑭平成不況に対応するために、日本銀行はコールレートをほぼゼロにする〔⁵⁶　〕政策をとった。そのため、日本銀行は基準割引率及び基準貸付利率の操作を〔⁵⁷　〕政策としておこなっていない。

☑ ⑮2013年から日本銀行は、景気対策として、インフレターゲットとして２％の物価上昇を目的として、〔⁵⁸　〕といわれる政策を展開している。

☑ ⑯外国為替の安定も、中央銀行の役割の１つである。急激な円高に対しては日本銀行は〔⁵⁹　〕の介入をする。その反対の急激な円安に対しては〔⁶⁰　〕をする。

Summary 金融と財政のしくみ

❶ 金融のしくみ

❶ 貨幣の働き

①通貨(貨幣)の機能　交換手段、価値尺度、価値貯蔵手段、支払い手段

②通貨　現金通貨(日本銀行券、硬貨)と**預金通貨**(要求払い預金)

③信用創造：銀行の貸出しによる預金通貨創出

　信用創造額＝最初の預金額×(1／支払準備率)−最初の預金額

④**マネー・ストック**(通貨総量の残高)＊CDは企業が銀行に預ける定期預金の一種

　M_1＝現金通貨(日本銀行券、硬貨)＋預金通貨(普通預金、当座預金など)

　M_3＝M_1＋準通貨(定期性預金、外貨預金など)＋CD(譲渡性預金)

　M_2＝M_3−【ゆうちょ銀行の定期貯金など】

⑤**通貨制度**

　金本位制度…兌換銀行券(中央銀行が金保有量に応じて発行)

　管理通貨制度…不換銀行券、景気調整が可能、クリーピング・インフレのおそれ

❷ 金融の働きと金融機関

①金融の種類

間接金融	銀行などの金融機関を通して資金を調達する
直接金融	株式や社債を発行して金融市場で資金を調達する

②長期金融市場(1年以上)と短期金融市場(1年未満)

③金融機関：銀行、証券会社、保険会社、ノンバンクなど

④銀行の役割：金融仲介機能、支払決済機能、信用創造機能

❸ 日本銀行の機能　日銀法の改正(1998年、独立性と透明性を理念)

①発券銀行…日本銀行券の発行、「通貨の番人」(物価安定、貨幣価値維持)

②銀行の銀行…市中銀行への貸出しと受入れ

③政府の銀行…国庫金の出納、国債発行事務

④**日本銀行政策委員会**…景気や物価、為替相場を安定させるための金融政策を決定

⑤**金融政策**…金融市場の通貨量を調節して、景気や物価の安定をはかる

　公開市場操作(オープン・マーケット・オペレーション)

　政策金利…無担保コールレート(翌日物)を誘導

　預金準備率操作(支払準備率を操作、1991年以降実施されず)

⑥日銀のゼロ金利政策、マイナス金利政策…量的金融緩和政策による景気対策

❹ 金融ビックバン

金融の自由化(「護送船団方式」→**金利自由化**、銀行と証券の業務緩和)・国際化

キャッシュレス時代(小切手・手形・カード・電子マネー)→信用経済の拡大

ペイオフ：預金保険機構が倒産銀行の預金を1000万円までは保証

不良債権問題⇨金融機関の合併・再編⇨**巨大金融グループ**(三菱・三井・みずほ)

銀行の自己資本比率規制(**BIS規制**)、国際決済銀行による国際的ルール(バーゼル合意)

❺ 金融庁(2000年発足)：金融機関の検査監督(内閣府の外局)

❻ 金融商品　ハイリスク・ハイリターン

❷ 財政のしくみと租税

財政…国および地方公共団体の経済活動、GDP の 2 割弱

❶ 財政の機能　資源の最適配分、所得の再分配、景気の調整

①ビルト・イン・スタビライザー （財政の自働安定装置）	好況時：**累進課税**により税収増加、総需要の減少
	不況時：社会保障支出増加、総需要の増大
②フィスカル・ポリシー （伸縮的〈裁量的〉財政政策）	好況時：財政支出を抑制
	不況時：**公共投資**（⇨有効需要の確保）、減税

❷ 予算　会計年度（1年間、4月～）、一般会計、特別会計、財政投融資計画

①一般会計予算（経常経費の歳入と歳出の見積り）

　歳入の内訳…租税・印紙税収入と公債金（国債）

　歳出の内訳…社会保障費、国債費、地方交付税交付金、文教費、防衛関係費等

②**財政投融資計画**（「第二の予算」）　規模は縮小

　財源…財投債（財政投融資特別会計国債）を発行（＊かつては郵便貯金が活用された）

❸ 税制度…租税法律主義

①租税原則　中立の原則、簡素の原則

　公平性の原則┬水平的公平—所得が同じ者は同じ負担

　　　　　　　　└垂直的公平—所得が多い者は大きい負担（例：累進課税制度）

②税の種類　シャウプ税制（1949年）で直接税中心主義へ

　直接税（負担者と納税者が同一）…所得税・相続税（累進制）、法人税

　間接税（負担者と納税者が異なる）…消費税・酒税・関税

　消費税導入は一律税率（10％、食品は軽減税率8％に）、**逆進**課税との批判

❹ 財政の課題

①公債（財政法…建設公債（国債）の原則、**市中消化の原則**＝日銀引受けの禁止）

　建設国債（公債）（公共事業費などの出資金）

　赤字国債（公債）（人件費・経常支出の赤字をまかなう）

　　…特例国債（1975年～特例法で発行）

②財政危機　**財政健全化**の必要→　財政構造改革法

　国債依存度（歳入に占める国債の割合）の上昇

　国債発行残高の増加（1000兆円ごえ）→償還のため「財政の硬直化」

　基礎的財政収支（プライマリー・バランス）→悪化→財政破綻へ

　　国債を除いた歳入（税収）で歳入がどれだけまかなえているかの数値

　民間金融市場を圧迫（**クラウディング・アウト**）：国債発行により民間資金が抑制

③税制改革　日本ではシャウプ税制（1949年）で、直接税中心主義（直間比率6：4）

　直間比率の見直し：消費税導入（1989年、竹下内閣）

　不公平税制の批判…**所得の捕捉率**の問題→クロヨン（九六四）

　国民負担率（国民所得に対する税負担率＋社会保障負担率）の増加

金融と財政のしくみ

❶ 金融のしくみ

☑ ①貨幣の機能には商品の価値を表示する[¹　]、商品の売買を仲介する[²　]、価値を保存しておく価値貯蔵、為替の決済などの支払い手段があげられる。

☑ ②民間部門が保有する現金通貨と[³　]を加えたものを M_1 といい、これに[⁴　]を加えたものを M_2 という。この M_2 に[⁵　]を加えたものが代表的なマネー・ストック(通貨供給量)の指標となっている。

☑ ③信用創造とは、市中銀行の預金量から支払準備金を引いた残りを企業に[⁶　]する操作を繰り返すことによって、[⁷　]を生み出すことである。

☑ ④ある銀行の最初の預金1000万円をもとに信用創造をするとした場合、支払準備率が20%とすると預金合計は[⁸　]万円となる。

☑ ⑤[⁹　]制のもとでは、通貨は金との兌換が保障され、通貨発行量は中央銀行の[¹⁰　]に制約されるが、貨幣価値は安定している。

☑ ⑥金と兌換されない現在の通貨制度は[¹¹　]制度と呼ばれ、中央銀行が通貨の発行量を調節する。このため、現実の通貨の[¹²　]にみあった供給ができるという長所はあるが、貨幣価値の安定性が失われ、[¹³　]をまねきやすいという欠点がある。

☑ ⑦日本銀行は、日本銀行券を発行する唯一の[¹⁴　]である。

☑ ⑧日本銀行は、日銀当座預金として市中銀行とのあいだで通貨を受け入れ、貸出しをしている[¹⁵　]であるとともに、政府の国庫金の出納や国債発行事務をおこなう[¹⁶　]でもある。

☑ ⑨日本銀行の[¹⁷　]が金融政策について協議・運営をしている。

☑ ⑩資金の調達方法には、金融機関を通して資金を調達する[¹⁸　]と株式や社債を発行して金融市場から資金を調達する[¹⁹　]がある。

☑ ⑪金融の国際化に対応して、[²⁰　]の自由化や銀行と証券会社の業務規制を緩和するなどの金融の自由化を「金融[²¹　]」という。

☑ ⑫金融機関が破綻した場合、預金保険機構によって預金額1000万円までとその利子のみを払い戻すとした制度を[²²　]という。

☑ ⑬バブル経済の崩壊により、[²³　]が増加したので、金融機関の合併・再編がされ、巨大金融グループができた。これは国際決済銀行の決めた銀行の[²⁴　]規制が影響した。

☑ ⑭金融機関の検査・監督業務は大蔵省の金融監督庁がおこなっていたが、2000年からは金融制度の企画立案の業務も含めて、[²⁵　]がおこなうことになった。

❷ 財政のしくみと租税

☑ ①財政のおもな機能には、[²⁶　]・[²⁷　]・経済の安定(景気の調節)の３つがある。

☑ ②財政は、所得税や[²⁸　]に累進課税を取り入れ、生活保護などの社会保障制度を通じた[²⁹　]によって、所得格差の縮小をはかっている。

☑ ③財政には[³⁰　]という機能がある。これは好況時には累進課税による税収増で総需要を抑制し、不況時には社会保障支出増加により総需要を増大させる。

☑④景気が悪くなった時には減税をおこない、好況の時には財政支出を減額するなどの財政運営をすることを、[31　]という。

☑⑤政府の会計には、国の経常の歳入と歳出を経理する[32　]、国が特定の事業を営んだり特定の資金を運用する場合などのための[33　]、第二の予算といわれる[34　]がある。

☑⑥[35　]では、国債発行について公共事業などの財源に限定するという[36　]の原則、国債の日銀引受けを禁止し、民間金融機関などが購入するという[37　]の原則の2つが定められている。

☑⑦国債のうち、公共投資的なものをまかなうためのものを[38　]、それ以外の人件費や事務的諸経費の不足をまかなうためのものを[39　]という。

☑⑧1965年にいわゆる「(昭和)40年不況」のため、戦後はじめて特例法による[40　]国債(赤字国債)が発行された。さらに、1973年の[41　]を契機とする景気の大幅な後退による税収の落ち込みや景気対策として積極的な財政運営をするため、1975年度から「赤字国債の大量発行時代」をむかえた。

☑⑨赤字国債の大量発行によって、歳入の[42　]は急速に高まるとともに、歳出面でも[43　]が大幅に増加し、財政危機をもたらした。国債による収入を除いた税収で歳出総額のどの程度の割合をまかなえているかの数値を[44　]というが、この値が、改善されることが急務である。

☑⑩大量に国債を発行する弊害として、第1に大量の国債費による[45　]があり、これにより機動的な景気調整や適正な資源配分が難しくなる。第2にインフレをまねきやすいこと、第3に世代間の負担の公平を害すること、第4に民間金融市場を圧迫するいわゆる[46　]現象を引きおこす。国債発行残高も1000兆円をこえている。

☑⑪財政の機能を果たすための財源の大半は、国民から徴収される[47　]で、財政収入の基盤をなしている。

☑⑫税には、最終的な納税義務者と納税負担者が同一である[48　]と納税義務者と納税負担者が異なる[49　]とがある。

☑⑬国の税体系のなかで占める直接税と間接税との割合を[50　]といい、日本では現在その比率はほぼ[51　]となっている。

☑⑭国は、[52　]により高額所得者からより多くの所得税を徴収し、それを広く国民の福祉に支出して、いわゆる[53　]をおこなっている。しかし、国民のあいだにはいわゆる「九六四」などの所得の[54　]の格差に対する不満もあり、不公平感・重税感が強い。

☑⑮消費税は所得の高低に関わりなく、商品やサービスの消費者に一様に負担がかかるので、一般に[55　]という批判がある。

☑⑯税負担の原則によると、まず税制は[56　]でなくてはならないが、それには「所得額の同じ者は同じ負担を負うべきである」という[57　]と「所得額の多い者はより多くの負担を負うべきである」という[58　]の2つがある。

☑⑰[59　]とは、国民所得に占める税負担額と社会保障負担額の合計の割合をいう。

Summary ▶ 日本経済の成長と課題

❶ 戦後日本の経済成長

１ 戦後復興期(1945〜54年)

①終戦後の経済混乱　国富の４分の１を失う、インフレーション激化、大量の失業者

②経済民主化(３大改革)

財閥解体	４大財閥(三井・三菱・住友・安田)の**持株会社解体**−持株会社整理委員会	
	過度経済力集中排除法(1947年)、**独占禁止法**(1947年)、公正取引委員会設置	
農地改革	**寄生地主制解体**・自作農創出	農民・労働者の所得向上
労働民主化	労働基本権と**労働三法**	国内市場を拡大、高度成長の要因

③ガリオア資金・エロア資金　アメリカからの復興援助

④**傾斜生産方式**(1947年)…鉄鋼・石炭産業に復興金融金庫の重点融資⇨**復金インフレ**

⑤**ドッジ・ライン**…「経済安定９原則」　→　安定恐慌(ドッジ・デフレ)

　超緊縮財政→朝鮮戦争による**特需景気**、１ドル＝360円単一為替相場(高度成長要因)

２ 高度成長期(1955〜73年)　「もはや戦後ではない」(1956年度『経済白書』)

①所得倍増計画(1960年池田内閣)実質成長率10%以上 GNP 世界第２位(1968年)

要因	外国からの技術導入による**技術革新**、民間**設備投資**主導(「投資が投資を呼ぶ」)
	活発な企業集団間の競争(銀行による間接金融方式)
	市場の拡大(農民・労働者の購買力向上、**輸出増加**)
	政府の産業政策(財政投融資←**高い貯蓄率**、産業保護政策)
成果	**産業構造の高度化**…重化学工業化(臨海部にコンビナート)
	大衆消費社会…**耐久消費財普及**「**三種の神器**」(1960年代)テレビ・洗濯機・冷蔵庫
	「**３Ｃ時代**」(1970年代)カラーテレビ・クーラー・自動車(カー)
歪み	**公害発生**(「公害列島」)、過疎・過密問題、生活関連社会資本・福祉の立ち遅れ
	物価上昇(低生産性の中小企業・農業製品価格の上昇−生産性格差インフレ)

②貿易自由化　GATT11条国、輸入制限撤廃(1963年)

　　　　　　　IMF８条国、為替制限撤廃(1964年)、

　　　　　　　OECD 加盟、資本の自由化(1967年)

③好景気　神武景気(1954〜57年)→岩戸景気(1958〜61年)

　　　　　→オリンピック景気(1962〜64年)→いざなぎ景気(1965〜70年)

３ 安定成長(低成長)期(1974〜1990年)

①２度の石油危機(1973年第４次中東戦争、1979年イラン革命)

　　原油価格の上昇⇨物価上昇(**狂乱物価**)　**スタグフレーション**(不況下の物価高)

　　　　　　　　　　企業倒産・減量経営　戦後初の**マイナス成長**(1974年)

②変化：省資源・省エネルギー型産業、「重厚長大」型産業から「**軽薄短小**」型産業へ

　　　　知識集約型の**ハイテク産業**(半導体)、高付加価値の加工組立産業(自動車)

③結果：外需主導の経済構造(強い**国際競争力**)⇨貿易不均衡⇨**貿易摩擦**・経済摩擦

　　　　「国際収支の天井(国際収支悪化⇨金融引締め⇨景気後退)」の解消

4 内需主導型経済への転換

経常収支の大幅黒字⇨経済摩擦の激化→「前川レポート」：内需主導型経済

Ｇ５のプラザ合意（1985年）ドル高是正で円高⇨輸出減少、輸入自由化・輸出自主規制

円高不況

5 バブル景気から長期不況へ

①**円高不況**（円高による輸出減少、株価下落）→低金利政策による**過剰流動性**の発生

②バブル景気　1987年～低金利政策→地価・株価の高騰

③資産価値の増加、企業の財テク　平成景気（1986～91年））

④金融引締め・急激な円高（１ドル＝80円、1990年以降）

　⇨バブルの崩壊→長期不況へ（平成不況　1991～93年）

❷ 日本経済の現状

1 平成不況

株価・地価の暴落	⇨	金融機関の不良債権増加貸し渋り	⇨	設備投資減少リストラ	⇨	景気後退	⇨	雇用不安消費の減退	⇨	物価下落利潤減少

《デフレスパイラル》

不良債権問題→銀行や証券会社の破綻（北海道拓殖銀行、日本長期信用銀行、山一証券）

2 「失われた10年」と構造改革

①小泉純一郎内閣の「構造改革」　新自由主義的政策

　自由化・規制緩和・民営化→「郵政民営化」、道路公団民営化、国立大学法人化

　地方に「構造改革特区」、地方財政に「三位一体の改革」

②構造改革後：所得格差の拡大、非正規雇用者増大、地方経済の衰退

③ローレンツ曲線（所得格差の程度を示す曲線）とジニ係数（格差指標、０が格差なし）

3 世界金融危機以降の日本経済

①世界金融危機（2008年）　サブプライムローン問題→**リーマン・ショック**

　金融危機、製造業の不況

②東日本大震災（2011年）：津波災害、原子力発電の事故→一斉停止

③アベノミクス　第２次安倍晋三内閣　**インフレターゲット**

　日銀による**量的金融緩和**（2013年～）、**マイナス金利**（2016年）

④新型コロナウイルス感染症の世界的拡大（パンデミック、新型コロナ危機）

　緊急事態宣言→経済活動の制限

4 現在の課題　⇨「成長戦略」

①課題　震災復興、原子力発電問題、内需低迷、国内市場縮小、円安進行

②対応　財政健全化（国債発行残高の縮小、プライマリー・バランス）

　　　　非製造業分野の生産性向上

　　　　世代間の不公平を克服する社会保障制度の確立

Speed Check! ✓ 日本経済の成長と課題

❶ 戦後日本の経済成長

(1)戦後復興期

☑①戦後の経済民主化は3大改革として GHQ の指導により取り組まれた。第1は財閥の経済力や市場支配力を排除するために財閥の[¹　]が解散させられた。第2に、[²　]によって不在地主の農地が小作人に売却され、農村の民主化もはかられた。第3に労働関係の民主化として労働組合の結成が認められ、労働3法が施行された。

☑②戦前の日本経済を支配していた財閥系企業や独占企業は、「財閥解体」や企業分割を命じられた。さらに大企業による市場支配を防ぐため[³　]が制定され、その監視や取締りにあたる[⁴　]が設置されている。

☑③戦後の復興過程において、政府は資金と資材を[⁵　]・[⁶　]・電力・肥料などの基幹産業に重点的に配分する[⁷　]を採用した。また、その資金を担当した金融機関が[⁸　]である。

☑④復興のための巨額な融資によって激しい[⁹　]がおこった。これを収束させるために、「[¹⁰　]」が実施された。それは、超均衡予算によるきびしい財政引締め政策であり、1ドル＝360円の[¹¹　]の設定による日本経済の国際経済への復帰でもあった。

☑⑤日本経済は、ドッジ・ラインにより[¹²　]と呼ばれる不況に突入したが、朝鮮戦争による[¹³　]によって復興をとげた。

☑⑥1956年の『経済白書』は「[¹⁴　]」と書いて、戦後復興が終結して、高度経済成長へむかった日本経済の現状を端的に表現した。

(2)高度成長期

☑①高度成長の第1の要因としては、欧米諸国からの技術導入による[¹⁵　]と民間企業の活発な設備投資があげられる。この過程で繊維や衣服・雑貨などの[¹⁶　]の生産比率が低下して、鉄鋼・造船・機械・化学などの[¹⁷　]の生産比率が上昇した。

☑②高度成長は、農林水産業などの[¹⁸　]産業の比率を低下させ、鉱工業や建設業などの[¹⁹　]産業の比率を急激に増大させ、いわゆる産業構造の[²⁰　]を促進した。

☑③高度成長期には、「三種の神器」と呼ばれる白黒テレビ・電気冷蔵庫・[²¹　]や「3C時代」と呼ばれるカラーテレビ・クーラー・[²²　]などの耐久消費財が普及した。

☑④1960年、[²³　]内閣は、国民所得を2倍にすることを目標とした[²⁴　]計画を策定した。

☑⑤戦後日本の高度成長は、「投資が投資を呼ぶ」といわれた活発な民間[²⁵　]主導であった。このための資金は国民の高い[²⁶　]をもとにした民間金融機関の[²⁷　]方式と呼ばれる貸出しと政府の[²⁸　]であった。

☑⑥高度成長の結果、[²⁹　]年には、日本の国民総生産はアメリカ合衆国についで自由主義世界第2位となった。

☑⑦高度成長期の景気循環は、好況による輸入増加が国際収支の悪化をまねき、そのための金融引締めによって景気が後退した。これを[³⁰　]という。

☑⑧第二次世界大戦後の日本経済は、昭和20年代の復興期、昭和30年代から40年代中期までのいわゆる[³¹　]期、昭和40年代後半のニクソン・ショックと[³²　]という2つのシ

ョックによる混乱を経て、いわゆる〔³³　〕期へと移行した。

(3)安定成長期

☑①田中角栄内閣による列島改造計画と、1973年の第1次石油危機をきっかけに、〔³⁴　〕と呼ばれる急激な物価上昇がおこるとともに、生産コストの上昇による企業の生産縮小・倒産などで、日本経済は戦後初の〔³⁵　〕成長となった。このように、不況と物価上昇が同時におこる〔³⁶　〕にみまわれた。

☑②1980年代に入ると、大規模生産設備を必要とする「〔³⁷　〕型産業」といわれる造船・鉄鋼業などにかわって、省資源・省エネルギーの「〔³⁸　〕型産業」といわれる技術・知識集約型のエレクトロニクス関連産業が急成長した。

☑③安定成長期は、〔³⁹　〕の高い自動車やコンピュータ関連産業のような原材料を製品にしあげる〔⁴⁰　〕産業が強い国際競争力をもち、日本のおもな輸出品となった。

☑④1986年の「〔⁴¹　〕レポート」は、経常収支の大幅黒字の是正を国民的課題として掲げ、〔⁴²　〕拡大に向けた経済構造の調整を提言した。

☑⑤1991年初め頃から始まった景気後退を〔⁴³　〕という。この不況は、長期間続いた平成景気後の〔⁴⁴　〕の崩壊による資産価値の下落、金融機関の〔⁴⁵　〕償却の困難性、消費者の消費意欲の減退や経営者の設備投資意欲の低下などが原因となった。

❷ 日本経済の現状

☑①1990年代にはいると、株価と地価が暴落し、バブルは崩壊した。金融機関は巨額の〔⁴⁶　〕に苦しみ、企業への貸出しをおさえる〔⁴⁷　〕や貸しはがしをおこなった。企業は〔⁴⁸　〕といわれる人員削減や設備投資の削減をした。この結果、景気は後退し、不況が不況をさらに深刻化させる〔⁴⁹　〕が発生した。

☑②「失われた10年」と呼ばれる1990年代の長期不況に対して、小泉純一郎内閣は新自由主義的な政策を「構造改革」として財政投融資改革につながる〔⁵⁰　〕民営化や規制緩和を実施した。この間、所得や財産の不平等度をはかる指数である〔⁵¹　〕は上昇した。

☑③2008年、アメリカの金融機関の破綻をきっかけに世界金融危機がおこる。このできごとは〔⁵²　〕といわれている。日本でも金融危機や製造業の不況が深刻化した。さらに、2011年の東日本大震災は日本経済に打撃を与えた。第2次安倍晋三内閣は俗に〔⁵³　〕といわれる財政・金融政策を展開した。日銀は〔⁵⁴　〕といわれる物価上昇を目標に、〔⁵⁵　〕金融緩和をおこない、2016年には〔⁵⁶　〕金利政策という前例のない金融政策まで踏み込んでいる。

☑④日本経済は2020年代になると、内需の低迷や円安の進行、石油などのエネルギー価格の上昇などの課題に直面している。また、少子高齢化問題の深刻度も高まっている。年金制度などの世代間の不公平感をなくす〔⁵⁷　〕制度の確立なども課題である。

Summary 日本経済と福祉の向上

① 中小企業問題

■1 中小企業の定義(中小企業基本法第2条)

	資本金	従業員数
製造業など	3億円以下	300人以下
卸売業	1億円以下	100人以下
小売業	5000万円以下	50人以下
サービス業	5000万円以下	100人以下

事業所数 2016年	-0.3%	99.7%
従業者数 2016年	31.2	68.8
付加価値額 2015年	大企業 47.1	中小企業 52.9

中小企業の日本経済に占める割合

■2 中小企業の種類　労働生産性、資本装備率で大企業と格差:「日本経済の二重構造」

①下請け型:大企業の系列、不利な大企業との取引条件

②産業集積型(企業城下町型・産地型・大都市型・地場産業)　(例)東大阪市の町工場

③ベンチャー型:ベンチャー・ビジネス(独自の技術・企画力で急成長)

④ニッチ型:市場規模が小さい市場で成立

■3 中小企業政策の展開　中小企業基本法(1999年改正)

② 農業と食料問題

■1 農地改革(1945〜50年)━━**経営規模零細化**(平均耕地面積1.4ha)

地主・小作制度の解体　⇨　　低い労働生産性・工業との格差(二重構造)

自作農の創出　　　　　━━農産物価格の高さ⇨国際競争力が弱い⇨輸入農産物

■2 農業政策の変化

①農業基本法(1961年)　機械化などによる構造改善

②**減反政策**開始(1971年)　コメの生産過剰、作付面積の制限⇨2018年に廃止

③牛肉・オレンジの輸入自由化(1991年)

④コメ輸入の関税化(1999年)　ウルグアイ・ラウンド

ミニマム・アクセス(最低輸入量)

⑤**新食糧法**(1995年)　食糧管理法廃止、食糧管理特別会計、コメ売買に市場原理導入

⑥食料・農業・農村基本法(1999年)　食料の安定確保、農村の維持

⑦農地法の改正　農業生産法人の農地取得(2000年)、個人・法人の借地可能に(2009年)

■3 農業の課題

①農業人口減少…離村・兼業化(**主業農家**15%に減)

高齢化(「**三ちゃん**」農業・後継者不足)

②食料自給率の低下　2021年度38%に(カロリーベース)　**食料安全保障**の観点

③安全性(ポスト・ハーベストや遺伝子組換農産物への不安、有機農業)

④**戸別所得補償制度**の導入⇨2013年度から経営所得安定対策に

⑤農業の**6次産業化**(農産物に付加価値をつけて販売)

❸ 社会保障制度

1 社会保障の流れ（公的扶助と社会保険が柱）

1601年	エリザベス救貧法(英、最初の公的扶助)		1942年	ベバリッジ報告(英)体系的整備
1874	恤救規則(日本最初の公的扶助)		1944	ILO フィラデルフィア宣言採択
1883	ビスマルク疾病保険法(最初の社会保険)		1958	国民健康保険法(日)**国民皆保険**
1922	健康保険法(日本最初の社会保険)		1959	国民年金法(日)**国民皆年金**
1929	救護法(日)		1982	**老人保健法**(一部自己負担)(日)
1935	社会保障法(米、ニューディール政策)		2000	公的**介護保険**制度実施(日)

①イギリス・北欧型：公的扶助中心、全国民に均一給付、税を財源
②ヨーロッパ大陸型：社会保障中心、被雇用者に所得比例給付、保険料を財源

2 日本の社会保障制度…憲法第25条**生存権**の保障（「健康で文化的な最低限度の生活」）

社会保険	医療保険	健康保険、**国民健康保険**、各種共済組合など
(もっとも割が多い)	年金保険	**国民年金**(全国民が基礎年金として加入)、**厚生年金**(一般被用者)
	その他	雇用保険、労働者災害補償保険(事業主負担)、介護保険
公的扶助	生活保護法	生活・医療・住宅・教育・出産・生業・葬祭・介護の8扶助
社会福祉		身体障害者福祉法、知的障害者福祉法、児童福祉法、母子福祉法、老人福祉法 (上記5法と**生活保護法**を福祉六法という)、(子ども手当法)
公衆衛生	医 療	**感染症予防**、結核予防、精神衛生、食品衛生
	環 境	上下水道整備、廃棄物処理、**公害対策**、清掃

3 年金の財源
①**賦課方式**：その時働いている人々がおさめる保険料を財源
②**積立方式**：年金受給者が働いている時積み立てた保険料を財源
＊現在は「修正積立方式」と説明。(実態はほぼ賦課方式)

4 福祉の充実…**ノーマライゼーション**、**バリアフリー**、ユニバーサルデザイン

❹ 消費者問題と消費者保護

1 消費者問題
欠陥商品・食品公害・薬害、悪質商法、誇大広告・不当表示、霊感商法

2 消費者の権利（消費者主権）
①**消費者の4つの権利**(1962年、ケネディ米国大統領の教書)
　安全を求める権利・知らされる権利・選択できる権利・意見を反映できる権利
②**消費者保護基本法**(1968年)　商品による危害の防止、公正な価格確保など
③**国民生活センター**(中央)・消費者センター(地方)設立　商品テスト、苦情処理
④**PL(製造物責任)法**(1994年)　製品の欠陥による損害の無過失賠償責任
⑤訪問販売法　**クーリングオフ**(一定期間内無条件で契約解除可能)→特定商取引法
⑥消費者契約法(2000年)　消費者の誤認・困惑による契約は解除できる
⑦**消費者基本法**(2004年)　「消費者の権利の尊重」「消費者の自立の支援」
⑧消費者庁設置(2009年)
⑨消費者金融・多重債務・自己破産→貸金業法(2006年、グレーゾーン金利廃止)
⑩公正取引委員会

日本経済と福祉の向上

❶ 中小企業問題

☑ ①近代的で生産性が高い少数の大企業と、生産性が低い多数の中小企業や農業との格差を、1957年の『経済白書』は「日本経済の[¹]」と表現した。

☑ ②1963年に中小企業金融の改善、設備・技術の近代化、中小企業相互の組織化・協業化などにより、中小企業の成長・発展をはかるために[²]が制定され、さらに、この法律は1999年に改正された。

☑ ③一般的に中小企業は大企業と比較して、労働者一人あたりの機械・装備などの固定資本額の割合である[³]が低いため、労働者一人あたりの生産額が少なく、[⁴]も低い。

☑ ④中小企業の役割には、大企業の[⁵]型としての存在、第2に資本額が小さくて済み市場規模の小さい[⁶]型、労働集約的な流通業・サービス業での業務型がある。

☑ ⑤中小企業のなかには、すぐれた先端技術などを有効な手段として新しい活動分野を切り開いている[⁷]や、地域の特性と伝統を活かした[⁸]での活躍もみられる。

❷ 農業と食料問題

☑ ①第二次世界大戦後の[⁹]によって、地主・小作制度は解体され、自作農の生産意欲は高まったが、農業経営の[¹⁰]性は解消されなかった。米作を中心とする日本農業は、国際的にみて土地生産性は[¹¹]が、労働生産性は[¹²]という特色をもっている。

☑ ②1961年には自立的農家の育成を目的とする[¹³]が制定され、畜産・野菜・果樹などへの農業生産の選択的拡大や農業構造の改善がはかられた。

☑ ③政府は農家の収入を確保するため[¹⁴]にもとづいて、政府が決めた価格でコメを農家から買い上げた。結果として生産が過剰になり、1971年から本格的に生産調整をはかるために[¹⁵]政策がとられるようになった。コメの政府買上げ価格である[¹⁶]と消費者への売り渡し価格である[¹⁷]の逆ざやが生じ、[¹⁸]の赤字が累積するようになった。

☑ ④1995年、コメの部分自由化や食糧管理制度の行き詰まりを背景に、食糧管理法を廃止し、自主流通米を中心としてコメの売買に市場原理を取り入れた[¹⁹]を制定した。また、2000年に[²⁰]を改正して、農地の法人所有を認めて大規模経営の育成をはかった。

☑ ⑤1993年には GATT の[²¹]が合意され、1995年から6年間にわたり4％から8％のコメを[²²]（最低輸入量）として輸入することが義務づけられ、1999年にはコメの[²³]が決められた。

☑ ⑥1999年には、農業基本法にかわり、食料の安定的供給、農業の多面的機能の発揮、農村の振興などを目的として[²⁴]が制定された。

❸ 社会保障制度

☑ ①社会保障という言葉を最初に使用したのは、1935年にニューディール政策の1つとして制定されたアメリカの[²⁵]である。一方、1942年のイギリスの[²⁶]報告では、社会保障を国の責任とし、「権利としての社会保障」という考え方を定着させた。

☑ ②[²⁷　]は最低限度の生活を維持するのに必要な所得や資産がない人に、公費によって生活上の援助を与えるものである。[²⁸　]は国民の拠出金と公費を加えた保険金で、老齢・失業・病気などによる生活不安に備えるものである。[²⁹　]は、老人・児童や心身障害者などの社会的ハンディキャップのある人々に、サービスを提供するものである。

☑ ③日本の社会保険制度は、老齢などから生じる生活不安に備える[³⁰　]と疾病による生活不安に備える[³¹　]、そして雇用保険・労働者災害補償保険などの制度があり、保険金支給のための費用は国・[³²　]・被保険者の負担となっている。

☑ ④公的年金の一元化により、1986年から国民は全員[³³　]に加入し、[³⁴　]が支給される。そのうえに一般被用者が加入している[³⁵　]や共済年金が報酬比例部分として上積みされることになった。

☑ ⑤生活困窮者に対する救済制度として、1946年に[³⁶　]が制定され、生活・生業・医療・[³⁷　]・住宅・出産・葬祭・介護の8つの扶助がなされている。

☑ ⑥障害者が社会に積極的に参加し、ともに生きるという[³⁸　]の考え方が社会福祉の基本理念とされるようになった。

☑ ⑦1958年の国民健康保険法の改正により[³⁹　]が実現し、1959年の国民年金法の成立により、1961年から[⁴⁰　]が実現した。

☑ ⑧市区町村を運営主体に、満40歳以上の国民が加入し、満65歳以上の高齢者などに施設での介護や在宅介護サービスを提供する[⁴¹　]制度が2000年に施行した。

4 消費者問題と消費者保護

☑ ①消費者保護は、1968年に制定された[⁴²　]により確立されたが、この法律はアメリカ大統領の[⁴³　]が1962年に教書でとなえた消費者の4つの権利をモデルにしている。消費者の4つの権利とは、[⁴⁴　]権利・知らされる権利・選択できる権利・[⁴⁵　]権利である。

☑ ②1994年に成立した[⁴⁶　](PL法)では、製品に[⁴⁷　]がある場合、生じた損害について、メーカーの[⁴⁸　]の有無にかかわらず、損害賠償責任を負うことを定めている。

☑ ③訪問販売で契約しても、一定期間内であれば消費者が契約を解除できる制度を[⁴⁹　]という。

☑ ④消費者への情報提供・苦情処理・商品テストなどをおこなうために、国には[⁵⁰　]が、各都道府県には消費者センターが設立された。

☑ ⑤複数のサラ金や[⁵¹　]カードによる返済不能な[⁵²　]が頻発し、債務免除のために債務者の申し立てによる[⁵³　]制度が注目されている。

☑ ⑥消費者の権利の尊重と消費者の自立の支援を内容とした[⁵⁴　]が2004年に成立した。また、消費者行政を充実させるため[⁵⁵　]が2009年に発足した。

Summary 現代日本の諸課題

① 少子高齢社会

1 少子化 人口減少社会に→2045年には1億人弱に

①**合計特殊出生率**(一人の女性が一生のあいだに平均何人の子どもを出産するかを示す数字) **2005年1.26**に、その後は微増→数字が**2.1以下**になると人口は減少する

②少子化の直接原因：晩婚化、未婚率の上昇

③少子化対策 次世代育成支援対策推進法(2003年)、**少子化対策基本法**(2003年)

2 高齢化と高齢者対策 短期間に高齢化…2030年に31.2%の予測

①「**超高齢社会**」(65歳以上の割合が総人口の21%以上)

＊総人口の7%以上→「高齢化社会」、14%以上→「高齢社会」

②介護保険制度の見直し 在宅介護利用者の増加、施設介護(老人ホームなど)

③年金財政：年金水準の引下げ ⇨支給開始年齢の繰上げ(満65歳)・支給額の引下げ

④医療保険：高齢者医療費の急増⇨保険料引上げ、後期高齢者医療制度(満75歳以上)

3 少子高齢社会の課題

①**扶養係数の高まり** 扶養係数＝(生産年齢人口)÷(老年人口) 2050年1.5と予測

②**子ども・子育て支援** 待機児童問題→保育園増設

② 労働問題と労働市場

1 労働運動の流れ

〔世界〕		〔日本〕	
1811-17年	ラッダイト運動(英)	1897年	労働組合期成会結成
1824	団結禁止法廃止(英)	1900	治安警察法(～治安維持法1925年)
	(労働組合運動の発展)	1911	工場法制定(12時間労働制)
1837-48	チャーチスト運動(英)	1912	友愛会⇨日本労働総同盟(1921年)
1935	ワグナー法 団結権・団体交渉権保障、不当労働行為禁止	1947	GHQ、2.1ゼネスト中止指令
		1948	政令201号(公務員の労働3権制限)
1947	タフト・ハートレー法(米)	1989	同盟、中立労連⇨連合、全労連

2 日本の労働政策

①勤労権の保障 職業安定法(ハローワーク設置など) 雇用対策法

②労働基準法(1947年)〔1997年改正〕：**労働基準局・労働基準監督署**

週40時間労働制 女性の時間外労働・休日・深夜労働の規制緩和 週休2日制

③労働組合法(1945年) 不当労働行為の禁止、労働争議の民事上・刑事上の免責

④労働関係調整法(1946年) **労働委員会**による斡旋・調停・仲裁(中央労働委員会、地方労働委員会)

3 労働組合(組織率の低下で18%前後、労使協調的)

4 日本的労使関係 日本的経営：**終身雇用制・年功序列賃金制**・企業別労働組合

5 現代の労働市場の問題

①パートタイマー・派遣労働などの**非正規労働者**の増加

同一労働同一賃金の実現、労働者派遣法制定・改正

②女性労働者の職場進出　男女雇用機会均等法・育児介護休業法・**女性活躍推進法**

③高齢者雇用安定法（2012年満65歳まで継続雇用目標）

④賃金の低落傾向（欧米諸国の賃金との格差拡大）

　　大企業と中小企業の**賃金格差**、ワーキングプアの増大、最低賃金の上昇の必要

⑤労働時間　裁量労働制による**長時間労働**の拡大懸念→**過労死問題**

　　ワークライフバランス、ワークシェアリング、年次有給休暇の取得、テクノストレ
　　ス対策

⑥外国人労働者の増加　技能実習制度、特定技能での受入れ拡大

❸ 公害防止と環境保全

1 公害問題の発生

①足尾銅山鉱毒事件（1898〜1907年、政府の「殖産興業」政策に起因）

　　○日本の「公害の原点」、衆議院議員**田中正造**が救済に活躍

②四大公害裁判

名称	(熊本)水俣病	四日市ぜんそく	イタイイタイ病	新潟水俣病
発生地域	水俣湾沿岸	コンビナート周辺	神通川流域	阿賀野川流域
原因物質	有機水銀	亜硫酸ガスなど	**カドミウム**	有機水銀
発生源	チッソ水俣工場	コンビナート8社	三井金属神岡鉱山	昭和電工鹿瀬工場

2 公害の種類

①**典型7公害**　大気汚染、水質汚濁、騒音、土壌汚染、地盤沈下、振動、悪臭

②産業公害から都市公害（生活型）へ：生活ゴミ、近隣騒音、生活排水、ビル風など

3 公害対策

1967年　**公害対策基本法**成立（責務・施策）

1968　　**大気汚染防止法**、騒音規制法成立

1970　　「公害国会」公害関連14法案成立
　　　　（経済調和条項の削除）

1971　　環境庁設置→**環境省**（2001年）

1973　　公害健康被害補償法成立

1976　　川崎市、**環境アセスメント条例**制定

1978年　総量規制（大気汚染と水質汚濁対策）

1993　　**環境基本法**　公害対策基本法
　　　　　　　　　　　自然環境保全法

1997　　**環境アセスメント法**制定（開発に
　　　　よる環境への影響を事前調査）

2000　　**循環型社会形成推進基本法**

4 環境対策

①**無過失責任制度**…過失の有無にかかわらず、公害発生者が損害責任を負う、不法行為

②**PPP（汚染者負担の原則）**…公害の発生者がその防除の費用を負う

③容器包装リサイクル法（2000年）、家電リサイクル法（2001年）、ゴミの分別回収
　リデュース、リユース、リサイクル

④ゼロエミッション：排出される廃棄物を再利用し、ゴミを出さない

⑤グリーンコンシューマー：環境に優しいエコマーク商品の購入

⑥**ナショナルトラスト**：開発対象の土地を住民が購入して環境を保全する

❹ 防災と安全

1 **自然災害**　予想される南海トラフ巨大地震、首都直下地震

2 **防災計画**　国と地方公共団体による防災対策の策定、自助・共助・公助の役割分担

現代日本の諸課題

❶ 少子高齢社会

☑ ①日本の人口構成は[¹　]と[²　]を特色としている。とくに後者は急速に進んでおり、高齢者福祉施設の不足をもたらすなど、課題がある。

☑ ②一人の女性が一生のあいだに出産する子どもの数の平均を[³　]という。この数字が[⁴　]以下では人口が減少する。少子化の原因としては、高学歴化による[⁵　]、未婚率の上昇、教育費負担の増加などが指摘されている。

☑ ③高齢化社会とは満[⁶　]歳以上の人の割合が総人口の[⁷　]％以上の社会をいい、この数値が[⁸　]％以上の社会を高齢社会という。高齢化の要因は、生活の質の向上や医療の進歩、社会保障の整備が指摘されている。

☑ ④一人の高齢者を何人の現役世代で支えるかの数値を[⁹　]という。この数値は急減しており、厚生労働省の予測では2050年には[¹⁰　]になるという。

☑ ⑤少子化対策として、政府はエンゼルプランを策定したり、次世代育成支援対策推進法や[¹¹　]法を制定している。

☑ ⑥高齢者を、施設や在宅で介護するために、費用を負担する制度として[¹²　]制度がつくられた。支給額は増大しており、支給資格や支給金額などの見直しがせまられている。

☑ ⑦年金財政の問題が深刻になっている。[¹³　]の繰上げや支給額の引下げなど、年金水準の引下げをよぎなくされている。年金や医療保険などの社会保険利用は、高齢者が増えれば高くなる。少子化により、将来的に保険料を負担する現役世代は減少する。このため、社会保険の原資は不足し、保険料だけで原資を負担することは困難になっている。

☑ ⑧高齢社会では[¹⁴　]税の負担者が必然的に減少し、税収入が減る。そのため、[¹⁵　]などの間接税の税負担比率を高めることが考えられている。

❷ 労働問題と労働市場

☑ ①日本では、1911年に児童労働の禁止や女性の深夜業の禁止、12時間労働制を定めた[¹⁶　]が制定された。第二次世界大戦後には1945年の[¹⁷　]をはじめとして労働三法が制定された。

☑ ②第二次世界大戦後の企業経営において、重要な役割を果たしたのが、日本企業に特有な労使慣行(労使関係)であった。それは、一般的には[¹⁸　]と呼ばれ、[¹⁹　]制・[²⁰　]制および[²¹　]の３つを主要な特徴としている。

☑ ③近年、サービス産業では女性労働者を中心に[²²　]労働者が増大している。そのなかで、1986年に職場での男女平等をめざし、募集・採用、配置・昇進、定年・解雇などにおける差別を禁止した[²³　]が施行された。さらに、[²⁴　]の制定は女性の社会進出を実質的に推進するものである。

☑ ④時短を実現するためには、第１に週[²⁵　]時間労働制への移行と完全[²⁶　]の実現、第２に残業などの[²⁷　]労働時間の削減、第３に[²⁸　]の完全取得の促進があげられる。

☑ ⑤高齢社会への移行とともに、定年の引き上げ、継続雇用制度導入、定年の定めの廃止を内容として[²⁹　]が2004年に改正された。

☑ ⑥長時間労働への制限だけでなく、コンピュータ操作などによる[³⁰　]が労働者の健康を害する問題が生じている。

③ 公害防止と環境保全

☑ ①明治20年代には[³¹　]事件が発生し、渡良瀬川の水質汚濁により農漁民に被害を与えた。栃木県選出の衆議院議員[³²　]は被害住民救済のために奮闘した。

☑ ②1953年頃から60年にかけて、熊本県水俣湾沿岸で発生した[³³　]は、チッソ水俣工場からの排水に含まれた[³⁴　]が原因と認定されている。1964年から70年にかけて、新潟県[³⁵　]流域で第二水俣病と呼ばれる新潟水俣病が発生した。

☑ ③四大公害裁判のうち、複数企業による[³⁶　]行為が争点となったのは[³⁷　]裁判である。

☑ ④大正時代から富山県[³⁸　]流域で発生した[³⁹　]は、三井金属神岡鉱山からの排水中に含まれた[⁴⁰　]が原因と疫学的に認定された。

☑ ⑤1967年に国・事業者の公害防止の債務・施策を定め、国民の健康を保護し、生活環境を保全することを目的として、[⁴¹　]が制定された。

☑ ⑥1970年の「公害国会」において、公害対策基本法からいわゆる「[⁴²　]条項」が削除され、71年には環境問題を担当する[⁴³　]が設置され、2001年には環境省となった。

☑ ⑦1973年に大気汚染や水質汚濁による公害病認定患者の救済と補償を、公害発生者に負担させることを目的として[⁴⁴　]が制定された。

☑ ⑧1972年に OECD の環境委員会で、環境を汚染した者がその防除のため費用を支払う責任をもつという[⁴⁵　]の原則(PPP)が採択された。

☑ ⑨1976年に川崎市は全国に先がけて、開発による環境への影響を事前に調査・予測し、地域住民の意見と調整をはかる[⁴⁶　](環境影響評価)条例を制定した。

☑ ⑩1993年に公害対策基本法と自然環境保全法を統合して、環境保全を目的とし持続的発展が可能な社会や環境アセスメントの実施の必要性を規定した[⁴⁷　]が制定された。

☑ ⑪国や地方公共団体で設定された環境基準により、窒素酸化物や硫黄酸化物などの排出に対する濃度規制と[⁴⁸　]がなされている。

☑ ⑫一般廃棄物による[⁴⁹　]や高層ビルによる[⁵⁰　]、近隣騒音、生活排水による水質汚濁など、都市化にともなって発生する公害を[⁵¹　]という。

☑ ⑬2000年には[⁵²　]リサイクル法が施行されるとともに、資源の利用率をあげ、廃棄物を減らすなどをめざして[⁵³　]が制定された。

④ 防災と安全

☑ ①東日本大震災では津波による被害が大きかったが、同様の災害が[⁵⁴　]の巨大地震でもおこることが心配されている。

☑ ②自然災害に対して国や地方公共団体による[⁵⁵　]の策定が重要である。

Summary ▶ 国際社会の変遷と国際法

❶ 国際社会の成立と変遷

❶ 国際社会の成立　ウェストファリア条約(1648年)←三十年戦争(1618〜48年)

	19世紀		第一次大戦後		第二次大戦後
西欧中心の 国際社会	⇨	アメリカ大陸諸国 日本・中国など	⇨	ソ連・東欧 **国際連盟**	⇨

アジア・アフリカ
諸国、国連、NGO

1814〜15年**ウィーン会議**　　　　　1945年ヤルタ会談

❷ 国際関係を動かす要因　相互に複雑に関連

①政治的要因　　　**イデオロギー対立**(資本主義対社会主義)、**ナショナリズム**
②経済的要因　　　**資源の確保、市場の確保**、植民地獲得(「帝国主義戦争」)
　　　　　　　　　(例)イラクのクウェート侵略
③社会・文化的要因　人種・民族の対立(旧ユーゴ内戦、アフリカの部族対立も)
　　　　　　　　　宗教対立
　　　　　　　　　(例)イスラエル(ユダヤ教)とアラブ諸国(イスラーム)の対立
④国益にもとづく行動(National Interest)　**パワー・ポリティックス**(権力政治)

❸ 勢力均衡(balance of power)から集団安全保障

勢 力 均 衡 敵対関係の国の力が均衡	⇨	**集 団 安 全 保 障** 対立関係の国も含め関係国が参加 ex.国際連盟、国際連合

❷ 国際法の成立

❶ 国際法の成立　国際間にルールの存在を主張←自然法思想　イエズス会宣教師ら
グロチウス(オランダ)『戦争と平和の法』(1625年)　「国際法の父」
❷ 国際法の種類

国際法─┬─**国際慣習法**　(不文国際法)**公海自由の原則**、外交官特権など
　　　　├─条約　　　　　(成文国際法)二国間条約　⇨　多国間条約
　　　　└┄国際的条理、国際的権威、戦時国際法と平時国際法

❸ 国際法の法典化　国際慣習法を成文化する動き　(例)国際海洋法条約など
　　　　　　　　　主権平等、領土不可侵、内政不干渉、公海自由、民族自決
①不戦条約(戦争の放棄に関する条約)(1928年):戦争の違法化
②ジェノサイド条約(集団虐殺罪の防止に関する条約)(1948年)
❹ 国際法と国内法　国際法には統一的立法・司法機関が不備、法執行の強制力がない
❺ 国際司法機関の発達
　　国際裁判:平和的解決の手段として、国際法にもとづいた裁判の形式をとるもの

常設仲裁裁判所 1901年 ハーグ条約	⇨	**常設国際司法裁判所** 1921年 国際連盟の機関	⇨	**国際司法裁判所(ICJ)** 1945年　本部ハーグ 国際連合の機関

国際調停　第三国(大国など)の和解調停によるもの
国際司法裁判所(国際連合の主要機関)　紛争当事国双方の同意が必要
　　　　　⇨判決の履行に、安全保障理事会による適切な措置が求められる
国際刑事裁判所(ICC)　集団虐殺をおこなった個人などを裁く国際機関(ハーグ)

❸ 人権保障の国際的な動き

❶ 人権保障の国際化

①**世界人権宣言**(1948年)→国際人権規約へ、1966年採択

「経済的、社会的および文化的権利に関する規約」(社会権的規約、A規約)

「市民的および政治的権利に関する規約」(自由権的規約、B規約)

日本の批准(1979年)　⇨国内法の整備

(一部留保：公務員の争議権、高等教育の無償化[2012年留保撤回]、公休日の報酬支払い)

②**ヨーロッパ人権条約**(1950年)　**ヨーロッパ人権裁判所**(1958年)の設置

③米州人権条約(1969年)

④アフリカ人権憲章(1981年)

❷ 人権保障に関する条約と国内法

①**女性差別撤廃条約**(1981年発効)

男女雇用機会均等法(1985年)、男女共同参画社会基本法(1999年)

②**児童の権利宣言**(1959年)→**子どもの権利条約**(1989年採択、日本は1994年批准)

③**人種差別撤廃条約**(1969年発効、日本は1995年批准)

(例)南アフリカ共和国の**アパルトヘイト**→国際的非難によって廃止

④先住民族の権利に関する国連宣言(2007年)

❸ **国際世論**⇨人権を弾圧する国への働きかけ

新たな国際法の制定へ…地球環境問題、資源保護などで

❹ 主権と領土問題

❶ 国家主権

国内的に「国民主権」の原則を確立

国際的には「国家主権も制限を受ける」

　←憲法98条2項国際法遵守

❷ 国境の画定　国際紛争の原因にも

❸ 国連海洋法条約による海域

領海　cf. 公海(公海自由の原則)

接続水域、排他的経済水域(**大陸棚の資源**)

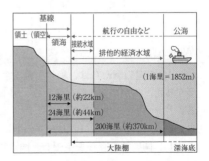

国際社会の変遷と国際法

① 国際社会の成立と変遷

☑ ①近代の国際社会の形成は、ドイツ三十年戦争の終戦処理をするために、[¹　]年に開かれた[²　]会議が召集されたことによる。この時の西ヨーロッパの体制は、ナポレオン戦争後の1814〜15年の[³　]会議によって再編成されるまで続くことになる。

☑ ②第一次世界大戦後から第二次世界大戦のあいだの国際秩序はベルサイユ体制という、第二次世界大戦から冷戦の終結が宣言されたマルタ会談までのあいだは、[⁴　]体制といっている。

☑ ③国際社会は、様々な要因によって動かされる。かつての米ソの対立要因は、資本主義対[⁵　]という[⁶　]の対立を原因とする政治的対立である。

☑ ④国際社会を動かす経済的な要因には、資源や市場の確保をめぐって展開される争いが多い。資源争奪の例として、[⁷　]がクウェートの油田地帯に侵攻しておこった湾岸戦争があげられる。

☑ ⑤国際社会を動かす社会的・文化的要因としては、人種や民族をめぐる対立、イスラエルと周辺アラブ諸国にみられる[⁸　]対立などがある。

☑ ⑥国際社会は多くの要因が複雑に関連しあいながら展開しているが、各国はナショナル・インタレストにもとづいて行動している。その論理は力にあり、国際政治は力による政治、すなわち[⁹　]によって動いているといえる。

☑ ⑦敵対する国同士は、たがいに軍事力の増強をはかる。しかし、その軍事力が同じぐらいであれば、戦争によって勝つ見込みはないので、戦争で対立を解消しようとはしない。こうした軍事力の均衡が結果として安定している状態を[¹⁰　]という。

☑ ⑧敵対する国がほかの国と同盟を結べば、軍事力が強くなる。こうして、各国は同盟を結ぶ、同盟国同士のあいだでは、戦争はおきないことになる。多くの国が同盟に入れば、さらに戦争がおきにくくなる。こうして自国の安全を守ろうという考えを[¹¹　]という。

② 国際法の成立

☑ ①[¹²　]会の宣教師たちは、絶対主義国家間の戦争に際して、外交交渉の任につくことが多かった。やがて彼らのなかから、国王といえども神の定めた法に従うべきであるとする、[¹³　]思想が生まれた。

☑ ②ヨーロッパの小国[¹⁴　]のハーグの地に生まれた[¹⁵　]は、1625年に『戦争と平和の法』を著し、国際法の存在を主張し、国際法の父といわれた。なお、彼は『[¹⁶　]』をも著して、公海自由の原則を主張した。

☑ ③国際法は戦争の時のルールとしての戦時国際法から発達したが、戦争以外の時の[¹⁷　]国際法も今日では多く制定されている。

☑ ④国際法には条約として成文化されている成文国際法と[¹⁸　]法といわれる不文国際法とがある。不文国際法の例には外交活動を円滑化するための[¹⁹　]などがある。国際法の法源は、このほかに[²⁰　]や国際的権威がある。

☑⑤国際紛争を平和的に解決するために、国際裁判をしようとする動きが〔²¹ 〕平和会議で合意され、1901年には〔²² 〕裁判所が生まれた。この裁判所は、やがて国際連盟の〔²³ 〕に引き継がれた。

☑⑥続いて第二次世界大戦後の国際連合の〔²⁴ 〕がこれを継承した。当時国間の合意がなければ裁判を始めることはできないが、そこでの判決は拘束力をもち、当事国が判決を履行しない場合には、〔²⁵ 〕が適切な措置をとることができる。

☑⑦2003年には〔²⁶ 〕がハーグにつくられ、独裁者による虐殺（ぎゃくさつ）など国際人道法に反する個人が犯した犯罪を裁いている。

❸ 人権保障の国際的な動き

☑①人権保障の新しい動きは、国際的に基準をつくって人類全体へ人権保障を拡大したことである。1948年の〔²⁷ 〕は1966年には国際人権規約となった。児童の権利宣言も1989年には〔²⁸ 〕となっている。

☑②女性差別撤廃条約に定められた事項を国内で実現するために、日本では1985年に〔²⁹ 〕法が成立して、男女平等を就職の場面で実現してきた。さらに、1999年に〔³⁰ 〕法が定められた。

☑③ヨーロッパでは〔³¹ 〕をつくり、さらに人権の侵害がおこなわれた時に、それを訴え、裁くための機関としてヨーロッパ人権裁判所を設置している。アメリカ大陸諸国も〔³² 〕を締結している。アフリカではOAU加盟国により、〔³³ 〕が採択している。国際的に活躍しているNGOも人権問題への活動を強めている。

❹ 主権と領土問題

☑①日本国憲法は第98条で「日本国が締結した条約及び確立された〔³⁴ 〕は、これを誠実に遵守（じゅんしゅ）することを必要とする。」と定めて、国際社会のなかでは国家主権も無制限なものではなくなっている。

☑②基線から〔³⁵ 〕海里以内の海で、沿岸国の主権がおよぶ領域を〔³⁶ 〕という。この範囲と国土の上空が〔³⁷ 〕である。

☑③基線から24海里で、領海の外側を〔³⁸ 〕といい、沿岸国が関税、衛生などのために管轄することが国連海洋法条約で定められている。

☑④基線から〔³⁹ 〕海里以内で領海の外側を排他的経済水域という。大陸棚の資源開発などを沿岸国がおこなうことができる。

☑⑤領海・排他的経済水域の外側を〔⁴⁰ 〕といい、航行の自由が認められている。

☑⑥日本はロシアとのあいだに国後島（くなしり）・択捉島（えとろふ）・歯舞群島（はぼまい）・色丹島（しこたん）の〔⁴¹ 〕問題が未解決であり、平和友好条約が締結されていない。

☑⑦日本固有の領土であるが、韓国とのあいだに〔⁴² 〕、中国・台湾とのあいだで〔⁴³ 〕をめぐって外交課題がある。

国際連合と国際協力

Summary

① 国際連盟と国際連合の成立

❶ 平和組織の構想 サン＝ピエール『永久平和案』、カント『永久平和のために』

❷ 国際連盟の発足 第一次世界大戦の惨禍 ⇨ ヴェルサイユ体制下

ウィルソン米大統領の教書「平和原則14カ条」（秘密外交の禁止、軍備縮小など）で**集団安全保障機構**を提唱

1920年発足42カ国、アメリカはモンロー主義の世論から加盟できず

議決方式は**全会一致**、制裁措置が弱く軍事行動とれず→日・独・伊の脱退

❸ 国際連盟と国際連合

国際連盟 (League of Nations)		国際連合 (United Nations)
1919年**ヴェルサイユ会議**で合意	憲　章	1945年サンフランシスコ会議で採択
スイス・ジュネーヴ	本　部	アメリカ・ニューヨーク
米、ソ（1934年加盟）、独（1925年加盟）	未加盟	台湾などわずか、193カ国以上参加
総会・理事会とも全会一致	表　決	**総会は多数決**、安保理は5大国一致
経済制裁が限界	制　裁	経済制裁と**軍事的措置**（国連軍など）
日・独・伊離脱、ソ連除名→崩壊	過　程	加盟国の拡大→**普遍的な国際組織へ**

❹ 国際連合の成立

大西洋会談（1941.8）**大西洋憲章** ⇨ **ダンバートン・オクス会議**（1944.8）憲章草案に合意 ⇨ **ヤルタ会談**（1945.2）ヤルタ協定 ⇨ **サンフランシスコ会議**（1945.4～6）50カ国が参加

（ローズベルト大統領とチャーチル首相の会談）

❺ 国際連合憲章

第1条[目的]　国際社会の平和及び安全を維持すること、諸国間の友好関係の発展　経済的、社会的、文化的または人道的国際問題の解決

② 国際連合のしくみと国連改革問題

❶ 国連の組織

事務局／国際司法裁判所／信託統治理事会　＊機能を停止／総会 一国一票の原則／[総会設立の機関] UNICEF など／安全保障理事会 大国一致の原則 米・英・仏・ロ・中／経済社会理事会 FAOほか専門機関、地域経済委員会、機能委員会

２ 国際紛争の平和的処理

①安保理の召集→**勧告**→非軍事的措置（経済制裁、外交関係の断絶）

②軍事的措置　＊国連憲章第7章の国連軍はいまだ組織されず

　　PKO(国連平和維持活動)　PKF、停戦監視、選挙監視団など

　　PKF(国連平和維持軍)　兵力引き離し、非武装地帯確保（武力制裁）

　　　　　　　　　　　湾岸戦争は多国籍軍

③「平和のための結集決議」　1950年の**朝鮮戦争**に際して、国連特別総会の決議

３ 国連で話しあわれたおもな国際紛争

1948年	パレスチナ戦争	1979年	アフガニスタン紛争
1950	朝鮮戦争	1980	イラン・イラク戦争
1956	スエズ危機、ハンガリー動乱	1991	湾岸戦争
1960	コンゴ動乱	1992	旧ユーゴ、ソマリア内戦
1962	キューバ危機	1992	ボスニア・ヘルツェゴビナ紛争
1963	キプロス内戦、ベトナム戦争	2003	イラク核疑惑問題、イラク戦争
1968	チェコ事件	2022	ロシアのウクライナ侵攻
1973	第4次中東戦争		

４ 経済社会理事会の活動

①専門機関　ILO（国際労働機関、国際連盟からの組織）、FAO（国連食糧農業機関）
　　　　　　など

②国連 NGO　非政府組織も協賛組織、会議での発言機会も

５ 事務局　事務総長を中心に国際公務員

国連総会設置機関　国連人権理事会（UNHRC）など

６ 国連改革問題

①旧敵国条項の廃止…日本・ドイツなどが要求

②安保理改革：日本・ドイツ・インドなどを常任理事国に

③財政難：国連機構の効率的運営、多数決制（総会の決議方式）への大国の不満
　　　　　　国連分担金の負担

３　地域的な政府間機関　　　米州機構（OAS）、アフリカ連合（AU）なども

１ ヨーロッパ連合(EU)

①マーストリヒト条約（1992年）→**ヨーロッパ連合**の成立

　共通外交・安全保障政策

　EU 委員会、EU 理事会

　ヨーロッパ議会発足（議員選挙も実施、2008年アムステルダム条約）

　一部に国家主権の侵害として、反対・見直しの動きもあり

②リスボン条約（2009年）　加盟国の拡大、ユーロ使用国の増加

２ 東南アジア諸国連合(ASEAN)

ASEAN 憲章（2008年発効）　共同体の創設、ASEAN 経済共同体（2015年発足）

ASEAN 自由貿易地域

ASEAN 地域フォーラム（ARF）　域外諸国とも協力体制を

国際連合と国際協力

Speed
Check! ✓

---

1 国際連盟と国際連合の成立

☑①国際的な平和機構をつくろうという主張は、早くからあった。18世紀末には、ドイツの哲学者[¹]の著作『永久平和のために』のなかに、その構想をみることができる。

☑②第一次世界大戦は、未曾有の災禍をもたらした。再びこの悲劇を繰り返さないという理念のもとに、アメリカ大統領[²]は、[³]外交の禁止、軍備縮小などを内容とする「[⁴]」を発表した。

☑③第一次世界大戦後、国際連盟がスイスの[⁵]を本部に設立された。しかし、提案国のアメリカは[⁶]主義の主張から上院の承認が得られず不参加。さらに誕生したばかりの社会主義国[⁷]は加盟せず、当初は敗戦国[⁸]の参加も認められなかった。したがって、イギリス、フランス、イタリア、[⁹]の4カ国が常任理事国となり、発足した。

☑④国際連盟は議決方法として「[¹⁰]の原則」をとっていた。したがって、1カ国でも反対の国があれば、行動することはできなかった。紛争の解決にも武力措置はとれず、対象国への貿易を制限するなどの[¹¹]をするのが制裁の限界であった。

☑⑤満州事変に対する国際連盟のリットン調査団の報告にもとづく対日勧告を不満とした日本は、1933年に連盟脱退を通告、ドイツや[¹²]も脱退した。この3カ国は三国軍事同盟を結成し、第二次世界大戦へ進むことになる。

☑⑥ドイツの侵攻を前に、1941年に大西洋上で会談したアメリカ大統領の[¹³]とイギリス首相[¹⁴]は「[¹⁵]」を発表し、そのなかで早くも国際連合の成立の基礎となる国際協調の構想を発表した。さらに第二次世界大戦の見通しが明らかになった1944年には、ワシントン郊外の[¹⁶]に米・英・ソ連・中華民国の代表が集まり、国連憲章の原案を討議した。モスクワ外相会談を経て、最終的に1945年にドイツの戦後処理やソ連の対日参戦を話しあった[¹⁷]会談で5カ国の拒否権などを決めた。

☑⑦国際連合憲章は、1945年の[¹⁸]会議で50カ国によって調印された。第1条では国際社会の平和及び安全を維持すること、諸国の友好関係を発展させること、そして経済的、社会的、文化的または[¹⁹]的国際問題の解決を目的にすると定めた。

---

2 国際連合のしくみと国連改革問題

☑①国連の組織は一国一票の表決権をもち、議決方式に[²⁰]をとる総会を中心とし、いくつかの機関からなっている。総会は通常毎年秋に開かれ、国際世論の重要な場になっている。さらに、特別の問題に対して[²¹]を必要に応じて開いている。その内容は、軍縮や環境問題など、多岐にわたっている。

☑②国連本部はアメリカの[²²]におかれ、事務局は[²³]を中心に本部の事務を処理する。現在、その職には5大国以外の中立国出身者から選出されることが多い。

☑③国連の安全保障理事会は、国際社会の平和と安全に関わる問題を扱う中心機関である。そのうち1カ国でも反対すれば議決できないという[²⁴]をもつ。アメリカ・イギリス・[²⁵]・ソ連にかわった[²⁶]・中華人民共和国の5カ国が常任理事国であり、世界の平和に責任を負っている。それ以外に、2年の任期で地域ごとに合計10カ国の[²⁷]が

総会で選出され、安保理を構成している。

☑④国際連盟の常設国際司法裁判所が再編されたものが、国連の[²⁸　]である。本部はオランダの[²⁹　]におかれ、15名の裁判官によって国家間の紛争が判断される。

☑⑤[³⁰　]は、住民が自立できずにいる地域に、生活の向上と独立の援助をすることを目的とする機関である。すでに多くの対象地域が自立していて、機能を停止している。

☑⑥経済社会理事会は、地域委員会と人口や人権といった問題を扱う[³¹　]からなり、さらに ILO や FAO などの専門機関を組織している。

☑⑦国連は、戦後の国際紛争に重要な役割を果たしてきた。1948年のイスラエル建国に発生した[³²　]戦争では安保理を舞台に話しあいがおこなわれた。

☑⑧1950年の朝鮮戦争に際しては、国連総会で「[³³　]」決議がなされ、朝鮮国連軍の名のもとにアメリカ軍などが出動した。

☑⑨1960年のコンゴ動乱や1963年のキプロス内戦などの地域紛争に対しても国連は行動し、後者には国連キプロス[³⁴　]軍を派遣している。

☑⑩1991年のイラクがクウェートに侵攻した[³⁵　]戦争に際しては、国連決議にもとづく[³⁶　]軍が派遣された。

☑⑪最近ではユーゴ解体後の[³⁷　]紛争、ソマリア内戦などアフリカの部族紛争に対しても、平和維持活動として国連は[³⁸　]制裁をした。

☑⑫国連はその経費の増大から財政難になっている。収入は各国の負担する[³⁹　]である。

☑⑬国連憲章の[⁴⁰　]条項の廃止をもとめて、日本や[⁴¹　]は国連に働きかけ、さらに安保理の常任理事国入りを求めて、国連改革を提案している。

☑⑭国連の軍事的な措置として、停戦監視や選挙監視団などの具体的な活動を英文の略称で[⁴²　]といい、兵力引き離しや非武装地帯確保のために武装した軍の派遣を[⁴³　]という。

☑⑮国連は国家を構成員とする組織であるが、経済社会理事会の専門機関などでは[⁴⁴　]にも発言の機会を与えている。

❸ 地域的な政府間機関

☑①西ヨーロッパでは、従来の国家の枠組みをこえて統合しようという動きが始まっている。[⁴⁵　]は経済統合を目的に組織されたが、1992年、マーストリヒトでの会議で[⁴⁶　]を結んで政治統合へ歩み出した。1997年には[⁴⁷　]により、多数決で共同行動を決定できるようにするなど、統合をより確かなものにしている。2009年に発効した[⁴⁸　]では、欧州議会の権限が大幅に強化され、政治統合がさらに一歩進んでいる。政策は、委員会・EU 理事会・ヨーロッパ議会などの諸機関で話しあわれ、ヨーロッパ議会の議員は、EU 加盟国の国民により、直接選挙で選出されている。

☑②ASEAN（東南アジア諸国連合）も、2008年に[⁴⁹　]を発効させるなどして共同体の創設を進めている。ASEAN 自由貿易地域の完成をめざす一方で、ASEAN 地域フォーラム（ARF）などの域外諸国との協力の枠組を設けている。

戦後の国際政治の展開

① 第二次世界大戦後の世界と東西冷戦

1 第二次世界大戦 日・独・伊の枢軸国と英・米・ソの連合国の対立

2 第二次世界大戦後の冷戦(冷たい戦争) 1945〜1989年

①チャーチルの「鉄のカーテン」演説 ②トルーマン・ドクトリン(**共産主義封じ込め**)

③冷戦の構造

西側(資本主義諸国)米・英・仏など	東側(社会主義諸国)ソ連・東欧・中国
マーシャルプラン→ OEEC	COMECON、コミンフォルム
NATO(北大西洋条約機構)、SEATO(東南アジア条約機構)、日米安全保障条約など	WTO(ワルシャワ条約機構)、中ソ友好同盟援助条約など

3 核兵器開発競争 核抑止論(恐怖の均衡)

4 代理戦争 朝鮮戦争、ベトナム戦争、中東戦争(第1次〜第4次)

5 平和共存と緊張緩和(デタント)

- 1955年 ─ ジュネーヴ四巨頭会談 「平和共存」
- 1959 ─ 米ソ首脳会談 アイゼンハワー(米)、フルシチョフ(ソ)
- 1962 ─ **キューバ危機** ホットラインの設置(1963年)

6 多極化の進行 西側:日本・ECの経済発展、フランスのNATOから離脱

東側:中ソ対立、東ヨーロッパの民主化要求

7 第三勢力の台頭 民族解放運動(民族自決)、植民地独立運動、A・A(アジア・アフリカ)諸国の独立

①アジア・アフリカ会議(バンドン会議、1955年) 「平和十原則」

②非同盟諸国首脳会議(ベオグラード会議、1961年〜)

② 冷戦後の動向

1 冷戦の終結

- 1980年代 ─ ソ連のアフガニスタン侵攻、ゴルバチョフの**新思考外交**:デタント
- 1989年 ─ **マルタ会談** ブッシュ(米)、ゴルバチョフ(ソ) ⇨ 冷戦終結

2 軍縮への取り組み 米ソの軍拡 ⇨ 核戦争の危機→「**核の冬**」、

①核軍縮 ← 軍事費の重圧← ICBMなど運搬手段の開発競争

核軍縮の動き	PTBT(部分的核実験禁止条約)	1963年米英ソ調印 大気中の核実験を禁止
	NPT(核拡散防止条約)	1968年調印 1995年無期限延長に合意
	SALT Ⅰ(戦略兵器制限交渉)	1972年米ソ調印 ICBMなどの軍備管理
	SALT Ⅱ	1979年米ソ調印
	INF(中距離核戦力)全廃条約	1987年米ソ調印 2019年失効
	START(戦略兵器削減条約)	1991年米ソ調印 2011年新START
	CTBT(包括的核実験禁止条約)	1996年交渉不成立 インドは難色
	核兵器禁止条約	2021年発効(日本は未批准)

②軍縮大憲章(1946年)⇨ジュネーヴ軍縮委員会(1959年)⇨**国連軍縮特別総会**(1978年)

③生物兵器禁止条約(1972年)、化学兵器禁止条約(1993年)

④通常兵器の軍縮　ヨーロッパ通常戦力条約(CFE) 1990年

　　　　　　　　対人地雷全面禁止条約調印 1997年 NGO のキャンペーン活動

　　　　　　　　クラスター爆弾禁止条約調印(2008年)

3 国際情勢の変化

①東ヨーロッパ民主化→ベルリンの壁崩壊(1989年)→東西ドイツの統一(1990年)

②ソ連邦解体(1991年)→バルト三国の独立、**CIS(独立国家共同体)**

③CSCE(全欧州安全保障協力会議)ヘルシンキ宣言(1975年)⇨ OSCE へ

④旧ユーゴスラビア分裂→コソボ問題・NATO 軍空爆(1999年)

⑤中国の改革・開放政策、一国二制度(香港行政特別区)⇨香港への統制を強化

⑥ウクライナへのロシア侵攻(2022年)

4 地域紛争の激化　人種・民族問題が背景に

①東ヨーロッパ・旧ソ連内の民族紛争の激化　チェチェン紛争(1994年)など

②中東問題　**パレスチナ**問題(イスラエルと PLO)、イランの核開発

　　　　　　シリア内戦、イランの核保有問題

③同時多発テロ(2001年)→アフガニスタン、イラクへのアメリカ軍派遣・空爆

　　　　　　　　「テロとの戦い」

④紛争による破綻国家発生　(経済破綻→政治混乱→治安維持できず)

❸　国際社会と日本の役割

1 サンフランシスコ平和条約締結(1951年)…連合国側との講和条約(単独講和)

①独立の回復：ソ連など共産圏諸国、インド、ビルマなどは参加せず

②**日米安全保障条約**(1951年)：アメリカ軍の駐留継続

2 日本外交の三原則：「**国連中心外交**」「自由主義諸国との協調」

　　　　　　　　　　　「アジアの一員としての立場の堅持」

3 周辺諸国との国交

①**日ソ共同宣言**(1956年)ソ連との国交回復→東欧諸国との国交、**日本の国連加盟**

　平和条約は未締結、北方４島の返還問題の解決が必要

②**日韓基本条約**(1965年)大韓民国との国交回復、歴史教科書問題、竹島問題

③**日中共同声明**(1972年)田中角栄首相訪中、国交回復⇨日中平和友好条約(1978年)

　尖閣諸島問題など、中国の軍事力増強(←日本はクワッドで対抗)

　中華民国(台湾)との関係

4 日本外交の課題

①日米同盟関係　基地問題(沖縄県への基地集中、普天間基地移転問題など)

②国際貢献論　自衛隊の海外派遣(PKO 活動、カンボジアなどへ派遣)

③経済大国としての責務　**ODA(政府開発援助)**の実施、GNP１％枠、NGO による

　　　　　　　　　民間活動

④北朝鮮問題　国交正常化交渉未解決、拉致問題、北朝鮮の核・ミサイル開発問題、

　　　　　　　六カ国協議中断

⑤国際連合　安保理非常任理事国としてたびたび選出(安保理改革)

❶ 第二次世界大戦後の世界と東西冷戦

☐ ①日本・ドイツ・イタリアは三国軍事同盟を結成して〔¹ 〕といった。一方、イギリス・アメリカ・ソ連は〔² 〕を結成してこれに対抗した。この2つの同盟の対立から生じたのが第二次世界大戦である。

☐ ②第二次世界大戦が終わるとすぐに米ソ対立の様相になった。イギリスの首相〔³ 〕がフルトンの演説でこの対立を「〔⁴ 〕」と表現した。

☐ ③アメリカの〔⁵ 〕大統領は共産主義の封じ込めを宣言し、西側の国々と同盟関係を強めていった。この同盟関係には南米では OAS（米州機構）、オーストラリアとニュージーランドを対象とした ANZUS（太平洋安全保障条約）、中近東の CENTO（中央アジア条約機構）、東南アジアとの〔⁶ 〕などがあった。個別的に結んだ日米安全保障条約や米比安全保障条約などもそうした同盟である。

☐ ④ソ連はこれに対抗し、〔⁷ 〕という各国共産党の情報組織を結成したり、東ヨーロッパへの経済協力機構である〔⁸ 〕をつくったりした。

☐ ⑤冷戦が始まると、自国が攻撃を受けていなくても、自国と協力関係にあるほかの国が攻撃を受けた時には、共同して反撃行動をとる権利を国連憲章51条が認めていたので、これにもとづく〔⁹ 〕がそれぞれの勢力に誕生した。西側の〔¹⁰ 〕やソ連と東欧諸国の〔¹¹ 〕がその例である。

☐ ⑥米ソ両国は、戦後は世界の覇権をめぐって激しく対立した。1948年のドイツの〔¹² 〕、1950年の〔¹³ 〕戦争は2つの分断国家でおこった冷戦の危険な展開であった。

☐ ⑦1959年、国連総会へ出席したソ連の〔¹⁴ 〕首相は、アメリカ大統領とキャンプ・デービットで会談をおこなった。偵察機U2型機撃墜事件やドイツの「〔¹⁵ 〕の壁」、そして1962年の〔¹⁶ 〕危機などがその後におこったが、両国首脳を結ぶ電話回線であるホットラインが結ばれるなどして戦争への危機は回避されていった。

☐ ⑧1970年代に入り〔¹⁷ 〕といわれた緊張緩和が進むと、1975年にヘルシンキで開かれた〔¹⁸ 〕でヨーロッパ地域の緊張緩和と相互の安全保障を討議している。1995年には、この組織は〔¹⁹ 〕と改称され、53カ国の参加を得た機関になっている。

☐ ⑨フランスは独自の外交路線をとり〔²⁰ 〕の軍事分野から離脱したり、1964年にはほかの西側諸国に先がけて中華人民共和国を承認した。

☐ ⑩インドネシアのスカルノ大統領は、1955年に〔²¹ 〕会議を主催した。この会議では反植民地主義と〔²² 〕を中心とした「〔²³ 〕」を発表した。

☐ ⑪東西いずれの陣営にも属さず平和共存を求める国々は、1961年にユーゴスラビアの〔²⁴ 〕に集まり、第1回〔²⁵ 〕首脳会議を開いた。

❷ 冷戦後の動向

☐ ①ソ連の〔²⁶ 〕大統領の新思考外交を受けて、1989年には米ソ首脳の〔²⁷ 〕会談によって冷戦は終結を迎えた。これと前後して、東欧革命という東ヨーロッパ諸国の自由化やベルリンの壁崩壊など、世界に激変がおこった。

☑②核兵器開発競争への国際社会の批判を受けて、1963年には〔²⁸　〕を除く核実験を禁止する〔²⁹　〕条約(PTBT)が締結された。さらに、1996年には〔³⁰　〕条約(CTBT)によって核実験の全面的な禁止が合意された。

☑③核保有国の増加をおさえるべく、〔³¹　〕条約(NPT)が1968年に締結された。

☑④米ソは大陸間弾道ミサイルなどの制限について第1次・第2次の〔³²　〕に合意し、さらにINF(中距離核戦力)全廃条約を経て、〔³³　〕条約(START)を結んで、核保有の削減を進めた。

☑⑤核兵器と並ぶ非人道的兵器といわれる〔³⁴　〕については、1993年、廃絶をめざした条約(CWC)が調印され、1996年にその批准手続が完了して発効した。

☑⑥紛争地域の各地で、非戦闘員が地雷の被害にあう事態が生じている。国際的なNGOの活躍によって1997年に〔³⁵　〕が調印され、1999年に発効している。なお、このNGOはノーベル平和賞を受賞した。

☑⑦2001年、ニューヨークの国際貿易センタービルに航空機が激突した〔³⁶　〕事件以降、ブッシュ大統領は「〔³⁷　〕」を宣言した。アフガニスタン、イラクへとアメリカ軍が中心となった多国籍軍が展開し、地域政情を不安定化させた。〔³⁸　〕の核保有の動きにもアメリカや西ヨーロッパ諸国は経済制裁をおこなって対立を深めている。

☑⑧21世紀に入り、大国間の新たな対立が激化している。ロシアは2014年に〔³⁹　〕を併合し、さらに2022年にはウクライナへ侵攻している。中国は軍事力の強化を背景として海洋進出を強めていて、アメリカとの対立を強めている。中国による香港の「〔⁴⁰　〕」を排除する国家安全維持法は国際社会から強い批判を浴びている。

③ 国際社会と日本の役割

☑①1951年、日本は連合国48カ国とサンフランシスコ平和条約を結び、独立を回復した。さらにアメリカとのあいだに〔⁴¹　〕条約を結び、アメリカ軍は駐留を継続した。

☑②〔⁴²　〕年、〔⁴³　〕首相の突然の訪ソによって〔⁴⁴　〕を発表し、ソ連との国交を回復した。こうしてソ連や東欧諸国の支持も得て念願の〔⁴⁵　〕に加盟した。翌年には安保理の〔⁴⁶　〕にも選出されている。

☑③日本政府は1956年に「〔⁴⁷　〕中心外交」「自由主義諸国との協調」「〔⁴⁸　〕の一員としての立場の堅持」という外交三原則を表明した。

☑④田中角栄首相の訪中で1972年に「〔⁴⁹　〕」を出した。この声明で中国は戦時賠償の請求を放棄し、中華人民共和国が中国で唯一の政府であるとした。これによって〔⁵⁰　〕との正式な外交関係は消滅した。なお、中国とは1978年に〔⁵¹　〕条約を締結している。

☑⑤日本の外交は国際紛争の平和的解決、非核三原則の堅持、防衛費のGNP〔⁵²　〕％枠の遵守などを基本としてきた。

☑⑥大韓民国とは1965年に〔⁵³　〕を結んで、国交を回復させているが、朝鮮民主主義人民共和国とは国交正常化はできていない。日本人の拉致問題、北朝鮮の核開発などの未解決問題があるからである。日本はアメリカや中国を含む〔⁵⁴　〕の枠組みのなかでの外交交渉を始めたが、2009年に北朝鮮が離脱を表明して以降協議がなされていない。

Summary 国際経済のしくみ

❶ 自由貿易と保護貿易

1 国際分業の利益

○各国が比較優位な産業に**特化**し、他国との貿易を拡大することで利益拡大

○垂直的分業…発展途上国は原材料・燃料・食料を輸出、先進国は工業製品を輸出

○水平的分業…先進国間の工業製品の輸出入

工程間の分業→グローバル・サプライチェーン(パソコン組立てなど)

2 自由貿易主義と保護貿易主義

自由貿易主義	保護貿易主義
比較優位な製品への**特化**による**国際分業**の利益を説く(**比較生産費説**)	国内の**幼稚産業**を**保護**する(当時の工業化が遅れたドイツ)
○関税引下げ　○(輸入)数量制限撤廃	○**保護関税**　○**輸入制限**(品目・数量)
リカード(英)『経済学及び課税の原理』	**リスト**(独)『政治経済学の国民的体系』

❷ 国際収支と外国為替相場の変動

1 国際収支表…ある国の1年間の外国との取引における収入と支出

```
┌ 経常収支 ┬ 貿易・サービス収支 ┬ 貿易収支(商品の輸出入)
│          │                    └ サービス収支(輸送、旅行、その他のサービス)
│          ├ 第一次所得収支 ┬ 雇用者報酬
│          │                ├ 投資収益(直接投資収益、証券投資収益、その他)
│          │                └ その他第一次所得収支
│          └ 第二次所得収支
├ 資本移転収支等 ── 資本移転、非金融非生産資産の取得処分
└ 金融収支 ／ 直接投資、証券投資(外国の株式・債券の購入)、金融派生商品
           ＼ その他の投資、外貨準備増減(日銀・政府が保有する金・外国通貨)
```

①日本の貿易収支→黒字から赤字へ(原発事故後の燃料輸入)

②投資収益　黒字基調(日本企業の海外展開による利益)　日本の対外純資産増加

2 外国為替相場　自国通貨と外国通貨との交換比率

①**外国為替**　貿易などで必要な金銭の送金システム

②**固定為替相場**　為替相場を一定の比率に固定しておくしくみ

(例)ドッジ・ラインにより、1ドル＝360円に固定(**ドルは基軸通貨**)

③**変動為替相場制**　外国為替市場での各国通貨の需要と供給の関係で決まる

(**購買力平価説**:2国間の物価水準で決まる、長期的には妥当)

各国のファンダメンタルズ(各国経済の基本的条件)

④円高・円安のメカニズム

```
┌→貿易収支黒字→外貨収入を円に換える→円高→輸出減少・輸入増加┐
└─輸出増加・輸入減少←円安←円を外貨に換える←貿易収支赤字←──┘
```

○国内**低金利**→円をドルへ換える→**円安**　　○国内**高金利**→ドルを円に換える→**円高**

⑤円高・円安の影響

円高	輸出価格の上昇	輸出産業に打撃、工場の海外移転増加	貿易収支の **黒字を抑制**
	輸入価格の下落	**物価の下落**、石油・ガス・電力業界に円高差益	
	ドル価格の下落	円建てでの返済負担増加、海外資産の購入増加	
円安	輸出価格の下落	**輸出が増加**	貿易収支の **黒字を抑制**
	輸入価格の上昇	**物価の上昇**、輸入の減少	

❸ 国際通貨制度の成立と変化

1 IMF・GATT 体制

①背景　第一次世界大戦後、各国の為替引き下げ競争→**ブロック経済**(自国の植民地形成)
　　　　→帝国主義政策→第二次世界大戦の一因として反省

2 ブレトン・ウッズ協定(1944年)…世界貿易拡大のため IMF と IBRD の設立決定

IMF　1945年 **(国際通貨基金)**	為替制限を撤廃し、為替相場の安定をはかる ドルを基軸通貨　金1オンス=35ドル　**固定為替相場制**
IBRD　1945年 **(国際復興開発銀行)**	戦後復興・経済開発援助のために発展途上国への融資、 IDA(国際開発協会)最貧国への開発資金融資、無利子融資も
GATT　1948年 **(関税及び貿易に関する一般協定)**	自由貿易のため、世界貿易の拡大を目指して**多国間交渉(ラウンド)** での解決を方針にする GATT 三原則:「自由」「多角」「無差別」(非関税障壁の廃止も含む) ケネディ・ラウンド(1964~67年)初の**関税一括引下げ**交渉 東京ラウンド(1973~79年)鉱工業・農産物製品の一括関税下げ ウルグアイ・ラウンド(1986~94年)農産物輸入の関税化 　　　　　　　知的所有権の保護・サービス貿易拡大、WTO 設立へ

　WTO(世界貿易機関)　GATT にかわる貿易協定、紛争処理手続を強化

　ドーハ・ラウンド(2001年~、貿易を通じた発展途上国の開発を課題に)

3 ニクソン・ショック(1971年)　1960年代後半のドル危機に対し、ドル防衛策発表
　　　　　　　　　　　　　　その後も財政と貿易収支の赤字(双子の赤字)に苦しむ

①背景　米企業の海外投資の増加、ベトナム戦争の軍事支出

②内容　金とドルの交換停止、輸入課徴金

4 変動為替相場制への変化−各国の経済力(ファンダメンタルズ)に応じて為替相場は変動

①**スミソニアン協定**　為替変動幅1%から2.25%に拡大
　　　　　　　　　　ドル切下げ(1ドル=308円)の**固定相場**

②**キングストン合意**　変動為替相場制への移行(1973年)、SDR(IMF 特別引き出し権)

③**プラザ合意**(1985年)　ドル高是正のため、G5(先進国首脳会議)が為替市場へ協
　　　　　　　　　　調介入

④**ルーブル合意**(1987年)　円高ドル安是正のため、G7による参考相場圏の設定

⑤円高の進行　2011年には1ドル80円前後に　　2021年1ドル109円前後で推移

⑥円安の進行　2023年には1ドル150円前後まで　アメリカの金利上昇が原因

国際経済のしくみ

❶ 自由貿易と保護貿易

☑ ①イギリスの〔¹　〕は、著作『経済学及び課税の原理』のなかで、比較優位な製品への〔²　〕による〔³　〕の利益を説いた。これを〔⁴　〕説という。そのために自由貿易を擁護した。

☑ ②ドイツの歴史経済学者〔⁵　〕は、ドイツの幼稚産業を守るために、経済発展段階説にもとづき『政治経済学の国民体系』を著して〔⁶　〕を擁護した。

☑ ③発展途上国から先進国へ原材料や食料を輸出し、先進国から発展途上国に製品を輸出する分業を〔⁷　〕といい、先進国間の工業製品を相互に輸出しあう分業を〔⁸　〕という。

❷ 国際収支と外国為替相場の変動

☑ ①一国の対外的な経済活動を表わす指標となる、ある年の一国の対外的な取引の受け取りと支払いを〔⁹　〕という。

☑ ②2014年からの国際収支統計では〔¹⁰　〕と資本移転収支等と金融収支からなる。

☑ ③国際収支表の経常収支は商品の輸出入の収支を示す〔¹¹　〕と輸送・旅行・その他のサービスの収支である〔¹²　〕との合計である〔¹³　〕と、雇用者報酬と直接投資収益や証券投資収益などをあわせた〔¹⁴　〕とその他からなる〔¹⁵　〕と、第二次所得収支の総計から計算される。

☑ ④国際収支表の〔¹⁶　〕は、資本移転、非金属非生産資産の取得処分からなる。

☑ ⑤国際収支表の金融収支は〔¹⁷　〕と〔¹⁸　〕と金融派生商品、その他の投資、外貨準備増減からなる。

☑ ⑥フランスで生産された乗用車を日本で購入したり、日本で生産された高級カメラをフランスの消費者が購入するような対外取引は〔¹⁹　〕に分類される。

☑ ⑦日本からアメリカへの海外旅行に行き、アメリカのホテルに宿泊すると、そこで支払われた料金は〔²⁰　〕に分類される。

☑ ⑧日本政府が、発展途上国に食糧や医薬品購入のために提供する資金援助は〔²¹　〕に分類される。

☑ ⑨日本の国際収支は、〔²²　〕の大幅黒字のため経常収支は大幅な黒字であったが、原発事故後のエネルギー資源輸入の増加と円安などから黒字は減ってきている。一方で、日本企業が工場を海外に展開などしているため、〔²³　〕は増えている。

☑ ⑩外国為替市場で、外国為替の需要と供給の関係によって、為替相場が変化する制度を〔²⁴　〕という。これに対して、為替相場を一定の比率に固定しておくしくみを〔²⁵　〕という。

☑ ⑪円高になると、輸入品の価格が下がるので、輸入量は〔²⁶　〕する。輸出品の価格は上がるので輸出量は〔²⁷　〕する。その結果、貿易収支は黒字が減ったり、赤字になったりする。そのため、外国為替相場は〔²⁸　〕にふれる。

☑ ⑫国内の金利が低下すると〔²⁹　〕の要因となり、金利が上昇すると外国からの投資が増えて〔³⁰　〕の要因となる。

☑ ⑬一般に円高は〔³¹　〕関連企業に有利に、円安は〔³²　〕関連企業に有利に作用する。その

ため、円高が高水準で続くと工場の海外移転などが増える。

❸ 国際通貨制度の成立と変化

☑ ①1944年に44カ国の代表によって調印された〔³³　〕協定は、それまで採用されていた〔³⁴　〕制にかわる、戦後の新たな国際通貨体制を築き上げた。

☑ ②第二次世界大戦後の国際的な基軸通貨として〔³⁵　〕が選択されたが、この通貨体制を支えた国際機関を〔³⁶　〕という。

☑ ③1947年に調印され、48年に成立した自由貿易の拡大を目的とした国際的な貿易体制についての取り決めを〔³⁷　〕という。現在は〔³⁸　〕に引き継がれている。

☑ ④ブレトン・ウッズ協定によって、IMFや〔³⁹　〕およびGATTなど、戦後の国際貿易の秩序において重要な役割を果たす国際機関が創設された。自由貿易の拡大をめざすGATTの通商の基本原則は、最恵国待遇（さいけいこくたいぐう）の一般化の原則と、自由化、無差別、多角化である。自由貿易のために関税や〔⁴⁰　〕をなくすための多国間交渉がおこなわれた。

☑ ⑤アメリカの対外援助や〔⁴¹　〕での軍事費増大などによるドルの海外流失で、ドル不安が高まった。1971年アメリカの〔⁴²　〕大統領は、アメリカから金の流失を防ぐため、ドルと金との交換を停止した。その後、1980年代になってもアメリカは、財政と貿易収支の大幅赤字という、いわゆる「〔⁴³　〕」に悩んだ。

☑ ⑥1972年12月、主要な資本主義国で固定為替相場制への復活をはかるためにおこなわれた多国間調整の結果、結ばれた協定を〔⁴⁴　〕という。1973年から、国際通貨体制は固定相場制から変動為替相場制に移行したが、正式に承認されたのは〔⁴⁵　〕によってであった。

☑ ⑦石油危機は先進工業国に打撃を与えたが、その経済的危機から脱出をはかるために、1975年にフランスで第1回の〔⁴⁶　〕が開かれた。

☑ ⑧1985年には、先進各国の財務相と中央銀行の総裁による〔⁴⁷　〕の場で、円とドルの関係を円高・ドル安に誘導する〔⁴⁸　〕合意が成立した。

☑ ⑨1986年から94年にかけておこなわれたGATTの〔⁴⁹　〕では、農産物の自由化、〔⁵⁰　〕の保護、サービス貿易の拡大などが合意された。

☑ ⑩1987年におこなわれたG7では円高ドル安の是正のため、〔⁵¹　〕合意がなされた。その後も、その時々の各国の経済状況の変化で外国為替相場は大きく変動した。一時は1ドル＝70円台までにドル安が進んだこともある。また、EUとアメリカ経済の関係で〔⁵²　〕とドルとの為替相場も変動している。

☑ ⑪変動為替相場制のもとでの変動要因は長期的には〔⁵³　〕と呼ばれる生産性やインフレ率などの各国の経済力の変化によって生じると考えられるが、為替レートの短期的な変動は為替レートの変動から利益を得ようとする取引の動向を反映している。2022年にはアメリカ連邦準備銀行のインフレ抑制のための大幅な金利の〔⁵⁴　〕によって、ゼロ金利政策をとる日本銀行との差から1ドル＝150円近くまで急激な〔⁵⁵　〕になった。

Summary ▶ **国際経済機構と地域的経済統合**

❶ 国際協調の動き

❶ WTO（世界貿易機関） 1995年〜 GATT を引き継ぐ機関
貿易紛争処理の迅速化 不服申し立て制度をつくる 大国の一方的制裁措置を禁止

❷ OECD（経済協力開発機構 1961年設立）← OEEC（ヨーロッパ経済協力機構）を改組
①目的 先進国間の経済・貿易政策の調整 日本も加盟
②**DAC（開発援助委員会）** OECD 加盟国の発展途上国援助の調整

❸ 主要国の国際協調
①**サミット（主要[先進]国首脳会議）** 1975年〜 日・米・西独・英・仏の首脳外交
第1回 石油危機対策を協議、フランスのランブイエで開催
②**G5（主要5カ国蔵相・中央銀行総裁会議）** G5（日・米・独・英・仏）
G7（G5＋カナダ・イタリア）、**G8**（ロシアの加入、しかし2014年〜除名）
③**G20（20カ国地域首脳会合、2008年〜）** 金融サミット開催
リーマン・ショックの時、対応策を協議、以降は継続的に開催

❹ 南北問題と経済協力
①発展途上国の貧困原因
植民地時代からのモノカルチャー経済（一次産品の輸出に依存）、人口爆発の圧力
自給的工業化の失敗
②**南北問題**…先進国と発展途上国との経済格差
後発発展途上国（LDC） 一人当たり GDP1018ドル未満
HAI（人的資源開発の程度） 成人識字率が低い国など
最貧国（MSAC）
③**南南問題** 産油国・NIES 諸国と後発発展途上国との経済格差問題
④**NIES（新興工業経済地域）** 輸出型工業化の成功による急速な経済成長達成
⑤**国連貿易開発会議（UNCTAD）** 1964年設立、国連の下部機関・本部ジュネーヴ
南北問題を解決するため、南北間の通商・経済協力を包括的に検討する（発展途上
国からの輸入品に一般特恵関税を適用するなどの優遇
第1回総会：**プレビッシュ報告 GNP1％援助**（「援助より貿易を」）
第3回総会：GNP の0.7%の ODA（「援助も貿易も」）
⑥資源ナショナリズムの動き
自国から産出された天然資源は自国の権利があると主張
OPEC（石油輸出国機構）結成 →メジャー（国際石油資本）に対抗
国連資源特別総会（1974年） 資源をもつ発展途上国の結束
→ **新国際経済秩序（NIEO）宣言** ○資源の恒久主権、多国籍企業の規制と監視
○発展途上国 G77として結束、発言力を強化
⑦**累積債務問題** 工業化などの失敗→先進国からの借金の増加
発展途上国：**債務支払停止（デフォルト）**、「債務の罠」の危険
先進国 ：**債務繰延べ（リスケジューリング）**

❷ 地域的経済統合の動き

① EU(ヨーロッパ連合)

① EEC(ヨーロッパ経済共同体)の設立(1957年)

第二次世界大戦後の植民地独立→市場を縮小→域内の貿易を活発化

ヨーロッパ統合の理想(フランスとドイツの対立解消)、西ヨーロッパの地位向上

ローマ条約調印(独、仏、伊、ベルギー、オランダ、ルクセンブルク)

共通農業政策、域内関税の軽減・撤廃、対外共通関税、**労働力・資本移動**の自由

② EC(ヨーロッパ共同体)から EU(ヨーロッパ連合)へ

1967年	EC(ヨーロッパ共同体)発足
	EEC と **ECSC(ヨーロッパ石炭鉄鋼共同体**、1952年設立)と **EURATOM(ヨーロッパ原子力共同体**、1958年設立)の 3 機関の統合
1973	**拡大EC**(イギリス、アイルランド、デンマークが加入)
1979	ヨーロッパ通貨制度(EMS、~1998年)
1987	単一ヨーロッパ議定書
1992	**マーストリヒト条約**(ヨーロッパ連合条約)…経済統合から**政治統合へ**
1993	EU(ヨーロッパ連合)発足(外交・安全保障・司法も政策共通化)
1997	アムステルダム条約(新ヨーロッパ連合条約、99年発効)
1998	ヨーロッパ中央銀行(EBC)設立
1999	単一通貨「ユーロ」導入合意→2002年、ユーロ流通
2009	リスボン条約…**ヨーロッパ議会**権限強化
2010	ギリシア経済危機
2020	イギリスのEU離脱(ブレグジット)

③ ヨーロッパ自由貿易連合(**EFTA**):EEC に対抗して結成

④ ヨーロッパ経済地域(**EEA**):EU-EFTA 間の関税撤廃、人・サービス・資本移動自由化

② その他の地域的経済統合

① **NAFTA(北米自由貿易協定)**⇒現在は USMCA(アメリカ・カナダ・メキシコ協定)
→ FTAA(米州自由貿易地域)構想も

② **MERCOSUR**(南米南部共同市場)…ブラジル・アルゼンチン・パラグアイ・ウルグアイ

③ **ASEAN(東南アジア諸国連合)**…シンガポール、タイ、インドネシア、マレーシア、フィリピン、ブルネイ、ベトナム、カンボジア、ラオス、ミャンマーの計10カ国
AFTA(ASEAN自由貿易地域) 域内関税の引下げ

④ **APEC**(アジア太平洋経済協力会議、1989年結成) 21カ国・地域(日本、中国、アメリカなど)

⑤ **TPP11**(環太平洋パートナーシップ協定、2018年発効)11カ国(アメリカは離脱)
[締結国]日本、シンガポール、メキシコ、マレーシア、チリ、ブルネイ、カナダ、オーストラリア、ニュージーランド、ベトナム、ペルー
(イギリスの加盟〈2023年〉により12カ国に)

農産物の自由化、外国人労働者の受入れなどについての課題

国際経済機構と地域的経済統合

❶ 国際協調の動き

☑ ① GATT の〔¹ 〕で GATT にかわる組織として設立が合意された WTO（世界貿易機関）では〔² 〕の機能などを強化した。

☑ ② OEEC（ヨーロッパ経済協力機構）は1961年に再編されて、〔³ 〕となった。この組織は先進国間の経済・貿易政策の調整をする役割を果たしている。日本もこれに加盟している。この機関が設立した〔⁴ 〕は加盟国の発展途上国への援助を調整している。

☑ ③1975年以降先進国は経済政策を国際協調しながら実施している。G5にカナダ、イタリアを加えたG7（先進7カ国蔵相・中央銀行総裁会議）に〔⁵ 〕も参加するようになり、2003年にはG8となった（2014年以降はロシアの参加は停止）。G8は参加国を増やし、2008年の金融サミットでは〔⁶ 〕になっている。

☑ ④発展途上国は植民地時代からのコーヒー、ゴム、カカオといった〔⁷ 〕の輸出などを中心とする〔⁸ 〕経済を脱することができないこと、人口爆発の圧力から経済成長がそのために飲み込まれてしまうこと、〔⁹ 〕工業化の失敗がみられることなどから貧困を克服できずにいる。

☑ ⑤発展途上国と先進国との経済格差の問題を〔¹⁰ 〕問題というが、これを解決するために国際機関は1964年に〔¹¹ 〕を設立した。この機関は第1回の総会の時に、〔¹² 〕報告をおこなって、先進国が GNP の1％を発展途上国に援助すること、〔¹³ 〕という特別な関税の優遇措置をすることなどを求めた。第3回大会では先進国が GNP の〔¹⁴ 〕％のODA をするよう求めた。なお、発展途上国77カ国は〔¹⁵ 〕としてまとまった行動をこの会議でしている。

☑ ⑥〔¹⁶ 〕とは産油国や工業発展した国と資源が乏しく開発も遅れている〔¹⁷ 〕との経済格差問題である。発展途上国の一部は工業化の成功によって急速な経済成長をし、〔¹⁸ 〕といわれている。

☑ ⑦自国から産出された天然資源はそれを開発した者のものではなく、その産出国のものであるという考えを〔¹⁹ 〕という。石油ではこうした考え方をもとに産油国は〔²⁰ 〕を結成して、〔²¹ 〕といわれた国際石油資本に対抗した。国連は1974年に〔²² 〕を開いて〔²³ 〕の宣言を採択している。

☑ ⑧発展途上国は工業化に失敗し、先進国からの借金を増加させて、返済が困難になっている。これを〔²⁴ 〕問題という。発展途上国の〔²⁵ 〕という債務の支払いの停止は国際経済秩序を混乱におとしいれることにもなり、先進国は〔²⁶ 〕といわれる債務の支払期限の延期を認めるなどしている。

❷ 地域的経済統合の動き

☑ ①西ヨーロッパ6カ国は国内の石炭および鉄鋼の共同管理のために、1952年に〔²⁷ 〕という機関を設立した。第二次世界大戦の原因の1つがドイツのルール地方の炭田とフランスの鉄鉱石の産地をめぐる争いにあったこともその背景にある。

☑ ②1958年発足した EEC（ヨーロッパ経済共同体）の設立を合意した条約を〔²⁸ 〕という。

第二次世界大戦後の西ヨーロッパでは戦災と植民地の独立によって、ヨーロッパの相対的な地盤沈下に対する危機感が強まり、市場を拡大する必要があったからである。EECの原加盟国は、フランス・西ドイツ・[²⁹　]・ベルギー・オランダ・ルクセンブルグの6カ国であった。

☑③EECに対抗してイギリスが中心となってデンマーク、ノルウェー、スイス、アイスランド、リヒテンシュタインが参加して1960年に[³⁰　]が結成された。

☑④1967年になると、EECとECSCと[³¹　]の3つの組織を1つに統合して非関税障壁の撤廃による労働力・商品・資本・サービスなどの自由移動を認める統一市場を形成する[³²　]が設立され、地域協力・地域統合が進められた。

☑⑤1973年には、ECに[³³　]・アイルランド・デンマークが加盟して、拡大ECとなった。

☑⑥1992年には[³⁴　]条約を調印し、翌年発効した。これによってECは[³⁵　]となり、外交および安全保障の分野でも加盟国の共同行動の手続きが規定された。また、単一通貨の導入へのプログラムを定めた。

☑⑦EUは、域内貿易を自由化するため、数量制限や域内[³⁶　]、非関税障壁を撤廃している。

☑⑧1997年に調印された[³⁷　]条約(新ヨーロッパ連合条約)は、共通外交・安全保障政策については多数決で共通行動を決定できることを定めた。

☑⑨EUは、1999年に単一通貨の[³⁸　]を導入することを決め、2002年より通貨の流通を開始させた。より一層の経済統合を進めている。しかし、EU諸国の経済には格差があり、2010年には[³⁹　]で多額の財政危機が表面化、債務不履行が問題となり、通貨価値が下落する経済危機がおこり、心配された。しかし、もっとも経済力の強い[⁴⁰　]をはじめとした主要国の支援で破綻は回避された。

☑⑩EUは2009年に[⁴¹　]条約を締結し、ヨーロッパ議会の権限を強化するなどして、政治的統合への歩みを進めた。しかし、各国とも国内にこれに反対する意見を抱えている。そのため、2020年には[⁴²　]がEUから離脱した。

☑⑪アメリカ合衆国、カナダ、メキシコのあいだで域内関税と非関税障壁を撤廃し、自由貿易圏をめざしたNAFTA(北米自由貿易協定)は新たに[⁴³　]として結ばれている。

☑⑫南米のブラジル・アルゼンチン・パラグアイ・ウルグアイは[⁴⁴　]を結成して、自由貿易圏の形成をめざしている。

☑⑬南北アメリカ全体の自由貿易地域創設構想として、[⁴⁵　]がある。

☑⑭1967年に、東南アジア諸国の域内の経済発展・社会進歩などをめざして結成された東南アジア諸国連合の略称を[⁴⁶　]という。東南アジア諸国連合は、[⁴⁷　](ASEAN自由貿易地域)構想のもと、地域的経済協力機構としての発展をめざしている。

☑⑯アジア・太平洋地域の地域的国際協力のために設立された、アジア太平洋経済協力会議の略称を[⁴⁸　]という。

☑⑰日本が中心となって環太平洋パートナーシップ協定を2018年に結成したがこの略称を[⁴⁹　]という。

グローバル化と国際経済

❶ グローバル化する市場経済

1 グローバル化する市場

①グローバリゼーション：地球規模で経済の一体化が進むこと

人、モノ、金、情報が国境をこえて活発に移動する世界

反グローバリズム←アメリカ経済の主導に対する反発

②多国籍企業：複数の国に子会社・生産拠点をもつ**世界企業**、売上高も多額に

利益追求で進出国の政治に影響を与える

環境破壊や公害輸出(廃棄物移送など)

③**タックス・ヘイブン**　課税回避地…途上国などに税逃れのために会社移転

2 国際金融市場の形成と通貨危機

①**ヘッジ・ファンド**：大口資金を集めての資金運用、金融商品の取引で高い配当

デリバティブ(金融派生商品)の運用⇨新興国への資本投下⇨バブル経済発生

②投機により、発展途上国経済に打撃　タイで急激な通貨価値下落⇨**アジア通貨危機**

③リーマン・ショック…サブプライムローン(信用力の低い住宅ローン)債権の下落

⇨アメリカ大手投資銀行リーマン・ブラザーズ倒産(2008年)⇨世界的な金融危機に

④アメリカの規準によるグローバル化

(例)BIS規制(銀行の貸出額に対する**自己資本比率**)→銀行再編へ

⑤**リージョナリズム(地域主義)**の動き→地域ごとに自由貿易協定締結

⑥WTOの無差別自由貿易化の原則→発展途上国の反発をまねく

3 特定の国家間の自由貿易協定

①**自由貿易協定(FTA)**：関税や数量制限、サービス貿易の障壁などを相互に撤廃

②**経済連携協定(EPA)**：FTAに加えて、投資ルールや知的財産権の保護なども含め、

より幅広い経済関係の強化をはかるための協定

4 アジアNIES(新興工業経済地域)…韓国・台湾・香港・シンガポール

①**外資導入・技術導入**による輸出中心の工業化⇨急速な経済成長

②台湾　繊維・雑貨→工業製品→パソコンの組立て→**ハイテク産業**へ

③韓国　**財閥系企業**による電気製品・自動車・造船などの産業分野

④**アジア通貨危機**(タイ、インドネシア)による深刻な経済危機の拡大

通貨安→国民生活の混乱

5 中国経済の成長　「世界の工場」

①改革・開放政策→**社会主義市場経済**(→私企業も認められる)

②**経済特区**の設置　深圳や上海など沿海部の経済成長

一方で内陸・農村地帯との経済格差拡大、郷鎮企業(農村部の個人企業や村の共同経営)

③人民公社の廃止→生産責任制の導入

④経済成長→**WTO加盟**、GDP世界第2位

高度成長のひずみ：深刻な大気汚染、貧富の格差拡大(国民の不満)

⑤香港返還(1997年)→特別行政区として資本主義経済の存続(一国二制度)

香港へ一体化の圧力（自由をもとめる市民との対立）
- ⑥「一帯一路構想」 アジアとヨーロッパ・アフリカをつなぐ地域への影響力を拡大
  AIIB（アジアインフラ投資銀行）の設立、借りた発展途上国に「債務の罠」

6 インド IC産業の成長（コンピュータソフト開発など）、鉄鋼などの財閥企業
  多くの人口→将来の巨大市場　BRICSの一員

7 ロシア 冷戦終結後：社会主義経済から市場経済へ移行
通貨危機（1998年）：通貨ルーブルの下落、経済危機
原油・天然ガス生産で外貨獲得→経済成長→**ウクライナ侵攻**で**経済制裁**を受ける

8 その他の新興諸国
- ①ベトナム：**ドイモイ（刷新）**－1990年代から急速な経済発展
- ②ブラジル：一次産品価格の上昇→経済成長、アマゾン熱帯林の消失
- ③サウジアラビアなどの中東産油国：**原油価格**の上昇を背景に、外貨獲得→投資へ
- ④南アフリカ：金やレアメタルなどの鉱物資源、アフリカ系住民の貧困

② 国際経済における日本の役割

1 日本経済の国際的地位
- ①東アジア経済圏の中心 ┌ GDP（国内総生産）世界第3位　多額の貿易額
  └ 国際収支の黒字→日本企業の多額の対外投資、高い技術力
- ②政府開発援助（ODA）…援助大国（財政難で削減傾向）
  贈与の割合を高めることが課題、インフラの整備のために
  借款を与える場合が多い

┌「ODA大綱」→2015年から「開発協力大綱」
│日本の安全と反映の確保に役立てること、「人間の安全保障」の視点
│支援対象国をODA非対象国へも拡大
│アジア諸国への援助は戦後賠償との関係が深い
└ODA4原則（環境と開発の両立、民主化・市場経済の促進など）

2 **貿易（経済）摩擦**←日本の対米貿易黒字の増大、日本の輸出拡大に対するアメリカやEUの保護主義的な動向への対応

1969年	鉄鋼対米輸出自主規制	1988年	牛肉・オレンジの完全自由化
1972	日米繊維協定調印	1989	**日米構造協議**開始
1977	カラーTV対米輸出自主規制		スーパーコンピュータなどに通商法
1981	自動車対米輸出自主規制		スーパー301条発動
1985	日米市場分野別協議（MOSS）	1991	大規模小売店舗法の改正
1986	日米半導体協定締結	1993	**日米包括経済協議**開始
	前川レポート		（自動車・自動車部品・保険・政府調達）
	（内需拡大と市場開放を提言）		

Speed Check! ✓ # グローバル化と国際経済

❶ グローバル化する市場経済

☑①現代は人、モノ、金、情報が国境を越えて活発に移動する。地球的規模で経済の一体化が進むことを[¹　]という。これに対し、アメリカ経済の支配的な動きに反発して[²　]という動きがある。また、地理的に近い国が連携しようという[³　]という地域主義的な統合もみられる。

☑②経済のボーダレス化にともなって、いくつもの国にまたがって世界的な規模で事業を展開する[⁴　]の活動が活発化している。これらの企業のなかには、本国よりも税金が安い[⁵　]と呼ばれる国に子会社を設立して、そこに本国の利潤を移転して税金を逃れようとする企業もある。

☑③国際金融市場で[⁶　]といわれる大口の資金を集めて資金運用する組織が多額の資金を使って、一国の経済に大打撃を与えるまでに力をもってきた。1997年に[⁷　]でおこった急激な貨幣価値の下落はこうした動きによるといわれている。この時の混乱は一国に留まらずに、[⁸　]というほどに周辺国に拡大した。

☑④[⁹　]という金融派生商品の運用は、高金利を求めて新興国へ資本を投下することがある。その結果、その国の経済にバブルを生じさせたり、資金の急な引き上げによって通貨価値を下落させるなどの混乱をおこしたことがあった。

☑⑤特定の国家間で関税や貿易制限などを撤廃しようとする協定を[¹⁰　]という。これに加えて、投資ルールや知的所有権の保護など広範な経済関係の強化を約束した協定を[¹¹　]という。

☑⑥アジアNIESと呼ばれる韓国・[¹²　]・香港・シンガポールは、輸出志向型の工業化により急速な経済成長をとげた。

☑⑦アジアNIESでは、いずれも産業構造の高度化が進展し、[¹³　]関連機器などの生産をおこなうハイテク産業も発展してきている。

☑⑧中国は1978年に[¹⁴　]政策をとり、沿岸部に[¹⁵　]を設け、外国から資本や技術を導入した。1992年には「[¹⁶　]経済」のスローガンを採用し、国営企業の改革や外国企業との合弁企業設立を認めるなどして、高い経済成長をとげている。

☑⑨中国は、イギリスから返還された香港の資本主義経済体制を維持し、「[¹⁷　]」をとることにした。

☑⑩国際経済の一員となることをめざしている中国は、2001年に[¹⁸　]への加盟が認められた。

☑⑪インドではコンピュータソフト開発などの[¹⁹　]の急成長がみられる。また、財閥系の企業が鉄鋼などの生産を増やしている。多くの人口をもち、将来の巨大市場として期待を集めている。

☑⑫ロシアでは、価格を自由化した結果、1990年代初めから[²⁰　]が発生し、年金生活者の生活が苦しくなるなど、貧富の差が拡大した。さらに、1998年には通貨が下落して経済危機に直面した。その後は原油や天然ガスの輸出で外貨を獲得している。2022年以降はウクライナ侵攻により、NATO加盟国や日本からの[²¹　]を受けている。

☑ ⑬豊かな資源や多くの人口を保有し、潜在的な経済発展の可能性をもつブラジル・ロシア・インド・中国・南アフリカを〔²² 〕と呼んでいる。

☑ ⑭ベトナムは対外開放と市場経済化を促進するため、〔²³ 〕（刷新）と呼ばれる経済改革を実施している。

❷ 国際経済における日本の役割

☑ ①日本経済は東アジア経済圏の中心として、GDP 世界第〔²⁴ 〕位である（2024年現在）。

☑ ②日本企業は豊富な内部留保を使って積極的に外国企業を買収するなどの〔²⁵ 〕を活発化させている。

☑ ③先進国の政府による発展途上国への政府開発援助の略称を〔²⁶ 〕といい、開発援助委員会では、その目標額を〔²⁷ 〕の0.7％と設定している。

☑ ④ほかの先進国との比較において、日本の政府開発援助では〔²⁸ 〕よりも借款の占める比率が高く、〔²⁹ 〕整備として橋梁や発電所などの大型プロジェクトの占める比率が高い。

☑ ⑤日本の ODA 4 原則は〔³⁰ 〕と開発の両立、被援助国の軍事支出と武器輸出入への注意、軍事的用途への使用回避、民主化・〔³¹ 〕の促進・基本的人権への配慮である。2015年に大綱は「開発協力大綱」として見直され、これまでの支援対象範囲を広げた。

☑ ⑥日本の政府開発援助の開始は、第二次世界大戦中のアジア諸国に対する〔³² 〕と関係が深い。

☑ ⑦日米貿易摩擦は1960年代前半の〔³³ 〕から始まり、60年代後半の鉄鋼、70年代後半の〔³⁴ 〕、80年代前半の自動車、80年代後半の〔³⁵ 〕へと続いた。

☑ ⑧1989年、日本とアメリカ双方の経済的なしくみや慣行に根ざす貿易の障壁を除去することをめざして、〔³⁶ 〕が始まった。この協議で、大型店の出店を日本が規制したとされて、輸入障壁の1つとされた法律、〔³⁷ 〕は1991年に改正された

☑ ⑨1986年の「前川レポート」は、経常収支の大幅黒字是正を国民的課題として掲げ、〔³⁸ 〕に向けた経済構造の調整を提言した。外国との貿易摩擦を解消する上でも、公共投資の増加により〔³⁹ 〕をはかり、社会資本を充実させることが求められた。

☑ ⑩貿易摩擦が深刻化するにともなって、欧米諸国では日本の輸出自主規制を求めるなどの〔⁴⁰ 〕的な動きが高まり、日本企業の欧米諸国での現地生産が増えた。

☑ ⑪日本の大幅な対米〔⁴¹ 〕は、アメリカの日本に対する農産物や金融・サービスなどの市場開放の圧力を強める要因となり、1993年から〔⁴² 〕協議が開始された。

☑ ⑫太平洋に面した国々のあいだで貿易を活発化し、さらに経済連携を広げようと11の国々が〔⁴³ 〕を2018年に発効させた。この交渉にあたって、あとから参加した日本は、アメリカとのあいだで食の安全の問題、肉類や乳製品を含む農産物の関税率、医療保険制度、雇用規制などで国内の諸制度を大幅に変更せざるをえない分野があって、交渉は難航したが、アメリカは2017年に離脱し協定に加わらなかった。

☑ ⑬日本が TPP11協定を締結した国のなかには、二国間の自由貿易協定である〔⁴⁴ 〕やEPA をすでに締結した国もある。

国際社会の諸課題

① 地球環境問題

■1 地球環境の破壊

問　題	原　　因	被害の状況
地球温暖化	二酸化炭素などの**温室効果ガス**	**海面上昇**、食糧減産、異常気象
酸性雨	排気ガスなどからの窒素酸化物	森林の減少、湖沼の魚の死滅
砂漠化の進行	**過放牧**、灌漑による塩分上昇	食糧生産の減少、都市人口集中
熱帯雨林の消滅	木材利用・燃料への伐採、**焼畑**	地球温暖化促進、**野生生物減少**
海洋汚染	廃棄物海洋投棄、タンカー事故	赤潮などの発生、**生態系の変化**

※フロンガスによるオゾン層の破壊についてはモントリオール議定書による規制など
　により一定の成果を上げつつある

■2 国連人間環境会議(1972年)[ストックホルム]**人間環境宣言**「かけがえのない地球」、
「宇宙船地球号」

①**国連環境計画(ÛNEP)**発足

②**UNEP特別会合**[ナイロビ](1982年)「ナイロビ宣言」持続的な社会経済の発展

③ IPCC(気候変動に関する政府間パネル1988年設置)

■3 国連環境開発会議(1992年)[リオデジャネイロ] …**持続可能な開発(発展)**

先進国と発展途上国の対立、気候変動枠組(地球温暖化防止)条約締結

行動計画として「アジェンダ21」

■4 気候変動枠組み条約第3回締結国会議(ĈOP 3 京都会議1997年)

①京都議定書…日本は温室効果ガス排出量6%削減の目標、排出量取引

②パリ協定(2016年発効)　2020年の目標設定　アメリカは一時離脱のち、復帰

② 資源・エネルギー問題

■1 エネルギー革命　　　石炭から石油・天然ガスへ

■2 偏在性　　先進国　　　多エネルギー消費、アメリカはシェールオイルを開発

　　　　　　↓↑　　　IEA(国際エネルギー機関)1974年、石油備蓄義務

　　　　　発展途上国　西アジアなど一部には豊富な資源、消費量少ない

　→**資源ナショナリズム**(1974年)国連資源特別総会 NIEO(新国際経済秩序)

OPEC(石油輸出国機構、1960年)、OAPEC(アラブ石油輸出国機構、1968年)

　→1973年第1次石油危機(オイルショック)

■3 有限性

再生不可能な資源	化石燃料、鉱物資源など
再生可能な資源	自然エネルギー、太陽・風・地熱など

■4 リサイクル(**資源の再生**)…ゴミ問題の解決も

■5 原子力　原子力基本法(1955年)原子力の利用促進

①原子力発電所事故…チョルノービリ、東京電力福島第一原子力発電所

②放射性廃棄物問題、プルトニウム利用の安全性問題など

③ 国際的な経済格差の是正

■1 貧困の克服と国際協力　絶対的貧困層…世界人口の約10%と推定(2015年)

先進国から発展途上国への援助　政府開発援助(ODA)、NGO による援助

2 HDI(人間開発指数)　UNDP(国連開発計画)が導入(1990年)

3 貧困削減への新たな動き

①フェアトレード　発展途上国の原料や製品を適正な価格で購入する

②マイクロクレジット　(例)グラミン銀行(モハメド=ユヌス)

④ イノベーションの促進と成長市場

1 高度情報社会　第4次産業革命　ビッグデータ・AI(人工知能)・IoT

2 技術の進歩と社会的規制の関係　(例)医療のイノベーションと生命倫理の問題

⑤ 持続可能な社会の実現

1 MDGs(ミレニアム開発目標　2000年)の設定

2 SDGs(持続可能な開発目標　2015年)国連総会採択　2030年までの17の達成目標

貧困や飢餓の撲滅、福祉の推進、教育の普及、ジェンダーの平等

⑥ 人種・民族問題と地域紛争の激化

1 人種と民族

人種	人間を皮膚の色の違いなどにより、政治的・経済的に差別⇒**人種差別**
民族	言語・文化・宗教・習俗・社会のしくみなどの一体感

2 民族主義　民族自決の原則…アメリカ合衆国大統領ウィルソンの平和原則14カ条

民族国家の形成、植民地からの独立、先進国にも北アイルランド問題、

バスク独立運動などの動きもある

ほかにクルド人の民族独立の動き、スリランカのタミル・シンハリ民族紛争

3 宗教対立を原因とした各地の民族紛争

①**パレスチナ問題**-イスラエルとパレスチナ解放機構

②イラン・イラク戦争、イラクのクウェート侵攻

③中東地域のイスラームのスンニ派・シーア派の対立

④旧ユーゴスラビア内戦　ボスニア・ヘルツェゴビナ内戦、コソボ紛争

⑤インドとパキスタンの対立原因、ヒンドゥー教・イスラームの対立

4 部族間対立(アフリカ各地での紛争)ルワンダ内戦、ソマリア内戦、アンゴラ内戦

5 難民問題　国連難民条約(1951年)　UNHCR(国連難民高等弁務官事務所)

民族紛争・部族間対立で大量の難民

北アフリカ、南米からの経済難民

6 諸民族の共存のために

①「**多文化主義**」(カナダ)

②少数民族(マイノリティ)の文化保護政策(オーストラリア)

7 同時多発テロ(2001年)後　⇨テロとの戦い→地域紛争の激化

①イラク、アフガニスタンへの多国籍軍派遣(アメリカ軍中心)

②「アラブの春」後の北アフリカや中東の紛争

8 ソ連邦解体後の混乱

①チェチェン紛争

②**ウクライナ紛争**　ロシアの侵攻→紛争の激化、ウクライナ人が世界各地へ避難

国際社会の諸課題

❶ 地球環境問題

☑ ①アメリカの経済学者ボールディングは、地球環境について「[¹　]」と表現した。

☑ ②環境破壊が急速に進行している。地球温暖化、オゾン層の破壊、酸性雨、焼畑や木材の伐採による[²　]の減少や、過放牧などを原因の1つとする[³　]の拡大などである。

☑ ③地球温暖化は[⁴　]燃料の消費による[⁵　]やメタンなどの増加が原因の1つとされ、このままでは巨大台風など[⁶　]による自然災害の増加や海面の上昇が心配されている。

☑ ④オゾン層破壊の原因は[⁷　]とされる。1985年のウィーン条約、1987年の[⁸　]議定書などを経て、原因物質の全廃が合意されている。

☑ ⑤酸性雨は湖沼や[⁹　]の立ち枯れ、遺跡の腐食などの被害を生んでいる。その原因は、硫黄酸化物や[¹⁰　]であるといわれている。

☑ ⑥環境破壊の原因は、先進国の[¹¹　]の過剰消費であり、もう1つは発展途上国の深刻な人口増加とそれにともなう[¹²　]である。

☑ ⑦国連は環境問題について、国際会議を開いている。1972年の国連人間環境会議では「[¹³　]」を理念に「[¹⁴　]」を採択し、国際機関としてナイロビに[¹⁵　]を設置した。

☑ ⑧1982年に UNEP 特別会合を開き、「ナイロビ宣言」を採択した。ここでは発展途上国の意見を反映させて「[¹⁶　]」という考え方が盛り込まれた。

☑ ⑨1992年、リオデジャネイロで[¹⁷　]が開かれ、この会議では「リオ宣言」、「森林保全のための原則声明」、「生物多様性保全条約」、「[¹⁸　]条約」などが結ばれ、行動計画としての[¹⁹　]が合意された。

☑ ⑩ COP 条約の第3回締約国会議が1997年に[²⁰　]で開かれ、二酸化炭素などの温室効果ガスの排出量について、1990年を基準に日本は[²¹　]%の削減を義務づけられた。その後、COP17が2011年にダーバンで開かれ、1997年の議定書の延長措置が合意された。

❷ 資源・エネルギー問題

☑ ①エネルギー源が木から石炭へ、石炭から石油へと変化していく変化を[²²　]という。

☑ ②資源やエネルギーは、地球上に[²³　]している。したがって、資源を多くもつ国と資源の乏しい国が存在する。一般に、先進諸国は多くの資源エネルギーを消費するが、必ずしも資源を多くもつ国とは限らない。ここに資源問題が発生する。

☑ ③1973年、第4次中東戦争を契機にアラブ産油国が原油価格を値上げし、輸出量も削減した。これが第1次[²⁴　]である。このように資源保有国は[²⁵　]が高まるなかで、資源カルテルを結成し、資源を自国の発展のために役立てようとした。石油については[²⁶　]という組織がその代表的なカルテルの例である。これに対抗して先進工業国は、1974年にエネルギーについて国際協力をめざす[²⁷　]を設立している。

☑ ④資源やエネルギーには太陽熱や水力といった[²⁸　]なエネルギーと石油・石炭などの再生不可能なエネルギーとがある。

☑ ⑤原子力発電も期待されているが、アメリカのスリーマイル島での事故、ウクライナの[²⁹　]原発事故、2011年に発生した地震と津波を原因とした[³⁰　]の事故など、安全性

への不安と放射性廃棄物問題などの課題がある。

☑️⑥資源安全保障の観点から、日本は〔³¹　〕備蓄やレア・メタルの蓄積などだけではなく、輸入相手国との友好関係の構築や、代替資源開発などが求められている。

③ 国際的な経済格差の是正

☑️①発展途上国の原料や製品を適正な価格で購入する〔³²　〕という運動がおきている。

☑️②発展途上国の人々の生産を応援するために〔³³　〕という少額の融資を可能とするしくみが試みられている。

④ イノベーションの促進と成長市場

☑️①医療技術の進歩は同時に〔³⁴　〕という人間本来の生命としてのあり方を新たな課題として問うている。

⑤ 持続可能な社会の実現

☑️①国連総会は持続可能な社会の実現のために2000年に MDGs（ミレニアム開発目標）を設定し、さらに2015年には17の達成目標を〔³⁵　〕として採択した。

⑥ 人種・民族問題と地域紛争の激化

☑️①〔³⁶　〕とは人間を皮膚の色の違いなどによってわけたものである。〔³⁷　〕とは〔³⁸　〕・文化・宗教・習俗の違いなどの一体感でわけたものである。

☑️②現代の国家は〔³⁹　〕といわれる。民族ごとにかたまり、国家を形成する。第一次世界大戦後にアメリカの〔⁴⁰　〕大統領が「〔⁴¹　〕」を表明し、それが、第二次世界大戦後のアジア・アフリカ諸国の植民地からの独立の理念となった。

☑️③民族対立は、各地で紛争の原因となっている。ボスニア・ヘルツェゴビナ内戦、イギリスの〔⁴²　〕独立問題、スペインの〔⁴³　〕独立運動、イランなどに分布する〔⁴⁴　〕難民問題、スリランカの〔⁴⁵　〕民族紛争などが起きた。

☑️④アフリカでは、部族間の対立が各地にみられた。ルワンダ内戦や〔⁴⁶　〕内戦、アンゴラ内戦では、部族間対立が虐殺と難民を多数生んだ。

☑️⑤宗教をめぐる対立も、民族紛争と複雑にからみあいながら各地でおきている。イスラム教のスンナ派と〔⁴⁷　〕派の対立が、国家間の対立ともなっている。

☑️⑥インドの〔⁴⁸　〕教とパキスタンのイスラームの対立は、両国の対立の原因となった。

☑️⑦国内に多数の民族や少数民族をかかえる国のなかには、「〔⁴⁹　〕主義」をとるカナダや、先住民であるアボリジニーの文化保護政策をとる〔⁵⁰　〕のような国もある。

☑️⑧21世紀に入ると地域紛争は新たな様相をみせるようになった。2001年にアメリカでおこった同時多発テロはアメリカに「テロとの戦い」を宣言させ、イラクや〔⁵¹　〕へ軍を派遣させた。派遣は長期間におよんだが、この地域の安定を得られていない。

☑️⑨北アフリカや中東の長期独裁政権に対して2012年の年末から「〔⁵²　〕」といわれる民衆運動がおこって、政権が倒れた。

☑️⑩〔⁵³　〕ではアサド政権に対しての民衆の反対が、内戦になり、長期化した。

略　称	名　　　　称
一般	
M&A	Mergers and Acquisitions 〔¹　〕
R&D	Research and Development 〔²　〕
CSR	Corporate Social Responsibility　企業の社会的責任
COP	Conference of the Partise 〔³　〕
GHQ	General Headquarters 連合国軍総司令部
NPO	Non Profit Organization 非営利組織
SDGs	Sustainable Development Goals　持続可能な開発目標
MDGs	Millennium Development Goals　国連ミレニアム開発目標
HDI	Human Development Index 〔⁴　〕
PPP	Polluter Pays Principle 〔⁵　〕
PL 法	Product Liability Law　製造物責任法
軍縮	
CD	Geneve Conference on Disarmament　ジュネーヴ軍縮会議
CFE	Conventional Armed Forces in Europe 〔⁶　〕
BWC	Biological Weapons Convention 生物兵器禁止条約
CWC	Chemical Weapons Convention 〔⁷　〕
CTBT	Comprehensive Nuclear Test Ban Treaty 〔⁸　〕
NPT	Treaty on the Non-Proliferation of Nuclear Weapons 〔⁹　〕
PTBT	Partial Test Ban Treaty 部分的核実験禁止条約
SALT	Strategic Arms Limitation Talks 戦略兵器制限交渉
SDI	Strategic Defense Initiative 戦略防衛構想
START	Strategic Arms Reduction Treaty 〔¹⁰　〕
地域的安全保障・経済協力	
ANZUS	Australia、New Zealand and the United States Treaty 〔¹¹　〕
APEC	Asia Pacific Economic Cooperation アジア太平洋経済協力会議
ASEAN	Association of Southeast Asian Nations 〔¹²　〕
AU	African Union　アフリカ連合
EAEC	East Asia Economic Caucus　東アジア経済会議
EAEG	East Asian Economic Group　東アジア経済圏構想
NAFTA	North American Free Trade Agreement 〔¹³　〕
NATO	North Atlantic Treaty Organization 〔¹⁴　〕
OAPEC	Organization of Arab Petroleum Exporting Countries 〔¹⁵　〕
OPEC	Organization of the Petroleum Exporting Countries 〔¹⁶　〕
OAS	Organization of American States　米州機構
OSCE	Organization for Security and Co-operation in Europe 〔¹⁷　〕
CSCE	Conference on Security and Co-operation in Europe 〔¹⁸　〕
ヨーロッパ統合	
EC	European Community 〔¹⁹　〕
ECSC	European Coal and Steel Community　ヨーロッパ石炭鉄鋼共同体
ECU	European Currency unit　ヨーロッパ通貨単位
EEC	European Economic Community 〔²⁰　〕
EFTA	European Free Trade Association　ヨーロッパ自由貿易連合
EMS	European Monetary System 〔²¹　〕

	略　称	名　　称
	EU	European union　ヨーロッパ連合
	EURATOM	European Atomic Energy Community　ヨーロッパ原子力共同体
国際貿易・金融	GATT	General Agreement on Tariffs and Trade　〔[22]　〕
	WTO	World Trade Organization　世界貿易機関
	IMF	International Monetary Fund　〔[23]　〕
	SDR	Special Drawing Right　IMF の特別引き出し権
	IBRD	International Bank for Reconstruction and Development　〔[24]　〕
	FTA	Free Trade Agreement　〔[25]　〕
	EPA	Economic Partnership Agreement　経済連携協定
	TPP 11	Trans-Pacific Strategic Economic Partnership Agreement　〔[26]　〕
	ADB	Asian Development Bank　アジア開発銀行
	BIS	Bank for International Settlements　〔[27]　〕
	DAC	Development Assistance Committee　〔[28]　〕
	IDA	International Development Association　国際開発協会
経済協力	JICA	Japan International Cooperation Agency　国際協力機構
	LDC	Least Developed Countries 後発発展途上国　別に LLDC
	MSAC	Most Seriously Affected Countries　最貧国
	NGO	Non Governmental Organization　非政府組織
	ODA	Official Development Assistance　〔[29]　〕
	OECD	Organisation for Economic Co-operation and Development　〔[30]　〕
	OEEC	Organisation for European Economic Co-operation　〔[31]　〕
	NIEO	New International Economic Order　〔[32]　〕
	NIES	Newly Industrializing Economies　新興工業経済地域
国連の専門機関等	FAO	Food and Agriculture organization of the United Nations　〔[33]　〕
	IEA	International Energy Agency　国際エネルギー機関
	IFC	International Finance Corporation　国際金融公社
	ILO	International Labour Organization　〔[34]　〕
	IAEA	International Atomic Energy Agency　〔[35]　〕
	PKF	Peacekeeping Forces　国連平和維持軍
	PKO	Peacekeeping Operations　〔[36]　〕
	PLO	Palestine Liberation Organization　パレスチナ解放機構
	UNCTAD	United Nations Conference on Trade and Development　〔[37]　〕
	UNEP	United Nations Environment Programme　〔[38]　〕
	UNDP	United Nations Development Programme 国連開発計画
	UNESCO	United Nations Educational, Scientific and Cultural Organization　〔[39]　〕
	UNF	United Nations Forces　〔[40]　〕
	UNHCR	The Office of the United Nations High Commissioner for Refugees　〔[41]　〕
	UNICEF	United Nations Children's Fund　国連児童基金
	WHO	World Health Organization　世界保健機関
	ICJ	International Court of Justice　〔[42]　〕
	ICC	International Criminal Court　〔[43]　〕

	人物名	国　名	生没年	おもな著作・業績
近代民主政治の確立	アリストテレス	ギリシア	前384-前322	『政治学』他、現実主義、哲学者
	マキァヴェリ	イタリア	1469-1527	『君主論』、権謀術数、政治学の祖
	マックス＝ウェーバー	ドイツ	1864-1920	『経済と社会』『[¹　]』、社会学者、公法的支配、カリスマ的支配
	トマス＝モア	イギリス	1478-1535	『ユートピア』
	[²　]	フランス	1530-96	『国家論』、主権の概念を導入
	ラッサール	ドイツ	1825-64	消極国家を[³　]と呼んだ
	ブラクトン	イギリス	1216-68	裁判官、国王も神と法の下に立つ
	[⁴　]	イギリス	1552-1634	権利請願の起草者、法律家
	ジェームズ1世	イギリス	在1603-25	王権神授説に立つ国王
	ダイシー	イギリス	1835-1922	主著『憲法研究序説』
	ウォルポール	イギリス	1676-1745	議院内閣制を確立、初代首相
	[⁵　]	イギリス	1588-1679	『リヴァイアサン』、社会契約説を説く、「万人の万人に対する闘争」
	[⁶　]	イギリス	1632-1704	『統治二論（市民政府二論）』、名誉革命を擁護 抵抗権の主張
	ルソー	フランス	1712-78	『社会契約論』、啓蒙思想家、人民主権にもとづく国家の形成を説く
	[⁷　]	フランス	1689-1755	『法の精神』、三権分立を主張、立憲政治の必要を説く
	ミル	イギリス	1806-73	功利主義の思想家
	[⁸　]	イギリス	1748-1832	最大多数の最大幸福、功利主義、『道徳および立法の原理序説』
	[⁹　]	アメリカ	1809-65	ゲティスバーグの演説、奴隷解放
	[¹⁰　]	フランス	1805-59	『アメリカの民主政治』、政治家
	[¹¹　]	イギリス	1838-1922	『近代民主政治』、自由党下院議員　地方自治は民主主義の学校
	バーク	イギリス	1729-97	公党の定義、政治思想家
現代の政治	[¹²　]	ソ連	1870-1924	『帝国主義論』、ロシア革命を指導
	鄧小平	中国	1904-97	開放・改革路線
	ローズベルト	アメリカ	1882-1945	ニューディール政策、4つの自由
	スターリン	ソ連	1878-1953	社会主義の建設、独裁的な政治
	ヒトラー	ドイツ	1889-1945	ナチスの指導者、独裁政治
	[¹³　]	イタリア	1883-1945	ファシスト党の指導、独裁政治
経済学説	[¹⁴　]	フランス	1694-1774	『経済表』、重農主義、経済循環
	アダム＝スミス	イギリス	1723-90	『[¹⁵　]』、見えざる手　自由放任、古典派経済学の祖
	[¹⁶　]	イギリス	1766-1834	『人口論』、食糧生産と人口
	[¹⁷　]	イギリス	1772-1823	『経済学及び課税の原理』、比較生産費説　自由貿易を主張

	人物名	国　名	生没年	おもな著作・業績
経済学説	セイ	フランス	1767－1832	『経済学要綱』、販路説＝セイの法則
	リスト	ドイツ	1789－1846	『経済学の国民的体系』、〔18　〕
	〔19　〕	ドイツ	1818－83	『資本論』、科学的社会主義を主張
	エンゲルス	ドイツ	1820－95	マルクスとともに社会主義を主張
	メンガー	ドイツ	1840－1921	『国民経済学原理』、限界効用価値説
	ワルラス	フランス	1834－1910	『純粋経済学要論』
	ケインズ	イギリス	1883－1946	『〔20　〕』、完全雇用を目標　公共投資による有効需要創出を主張
	〔21　〕	アメリカ	1883－1950	企業の技術革新が経済の原動力　『経済発展の理論』
	フリードマン	アメリカ	1912－2006	マネタリズム、『資本主義と自由』
	ペティ	イギリス	1623－87	経済発展により第一次産業の減少
	クラーク	イギリス	1905－89	第一次、第二次、第三次産業の減少
	ガルブレイス	アメリカ	1908－2006	『ゆたかな社会』、依存効果
	セン	インド	1933－	『貧困の克服』、公正と貧困
国際問題	グロチウス	オランダ	1583－1645	『戦争と平和の法』『海洋自由論』国際法の父、国際社会にも法の存在
	サン＝ピェール	フランス	1658－1743	『永久平和案』、国際機構を提唱
	〔22　〕	ドイツ	1724－1804	『永久平和のために』、国際平和機構を主張、国際連盟の成立に影響
	モンロー	アメリカ	1758－1831	ヨーロッパ諸国のアメリカ不介入を求める宣言、第5代大統領
	メッテルニヒ	オーストリア	1773－1859	ウィーン会議を主催した外相
	ウィルソン	アメリカ	1856－1924	「〔23　〕」の提唱、大統領
	〔24　〕	アメリカ	1884－1972	大統領、共産主義封じ込めを宣言
	ケネディ	アメリカ	1917－63	ニュー・フロンティア、暗殺される
	フルシチョフ	ソ連	1894－1971	スターリン批判、平和共存政策、首相
	ニクソン	アメリカ	1913－94	訪中、〔25　〕のときの大統領
	周恩来	中国	1898－1976	首相、日中国交正常化、平和五原則
	ブッシュ	アメリカ	1924－2018	マルタ会談、湾岸戦争、共和党、大統領
	〔26　〕	ソ連	1931－2022	ペレストロイカ、グラスノスチ、マルタ会談、大統領、ソ連崩壊
	プーチン	ロシア	1952－	大統領長期政権、ウクライナ侵攻
	〔27　〕	アメリカ	1961－	初のアフリカ系大統領、核なき世界

年代	内閣総理大臣	成　立	おもな事項
1945.8	東久邇宮稔彦	終戦処理内閣	マッカーサー進駐、降伏文書調印
45.10	幣原　喜重郎	**民主化指令**	**5大改革指令**、日本共産党再建
46.5	吉田　茂	新制度による総選挙	公職追放、戦犯に対して〔 6 〕裁判
47.5	〔 1 〕	**新憲法施行**	改正刑法、**改正民法**
48.3	芦田　均	社会党分裂	政令201号公布
48.10	吉田　茂	昭電疑獄事件	警察予備隊→保安隊→〔 7 〕、**平和条約**
54.12	〔 2 〕	日本民主党結成	訪ソ→〔 8 〕宣言、**国連加盟**
56.12	石橋　湛山	自民党総裁選挙	首相急病による短命内閣
57.2	岸　信介	石橋首相病気	安保条約改定交渉、民社党結成
60.7	〔 3 〕	**安保闘争**	**所得倍増政策**
64.11	佐藤　栄作	池田首相病気	〔 9 〕条約、〔 10 〕返還協定
72.7	〔 4 〕	自民党総裁選挙	**日中共同声明**、国交正常化
74.12	三木　武夫	**ロッキード事件**	**政治資金規正法**
76.12	福田　赳夫	三木おろし	〔 11 〕条約調印
78.12	大平　正芳	自民党総裁選挙	自民党内紛、政局混迷
80.7	鈴木　善幸	衆参同時選挙	参議院議員選挙の新制度公布
82.11	中曽根　康弘	自民党総裁予備選挙	三公社民営化
87.11	竹下　登	竹下派へ禅譲	リクルート事件表面化、**消費税**
89.6	宇野　宗佑	**リクルート事件**	参院選大敗
89.8	海部　俊樹	マスコミからの批判	湾岸戦争
91.11	宮沢　喜一	自民党総裁選挙	総選挙で日本新党、新生党増加
93.8	細川　護熙	**非自民8党派連立**	**政治改革法案**、ゼネコン汚職
94.4	羽田　孜	細川首相退陣表明	非自民連立の継続
94.6	〔 5 〕	社・自・さきがけ連立	阪神・淡路大震災、戦後50年の談話
96.1	橋本　龍太郎	住専問題など	エリツィンとの会談
98.7	小渕　恵三	橋本内閣参議院選敗北	**新ガイドライン関連法**成立
2000.4	森　喜朗	小渕氏死去	九州・沖縄サミット
01.4	小泉　純一郎	総裁選で圧勝	構造改革、〔 12 〕、郵政選挙
06.9	安倍　晋三	禅譲	防衛省発足
07.9	福田　康夫	政権行き詰まり	ねじれ国会
08.9	麻生　太郎	総裁選で勝利	リーマン・ショック
09.9	鳩山　由紀夫	衆院選で民主党勝利	政権交代、民主・社民・国民新党連立
10.6	菅　直人	鳩山内閣総辞職	東日本大震災、〔 13 〕一斉停止
11.9	野田　佳彦	民主党代表戦で勝利	税と社会保障の一体改革
12.12	安倍　晋三	衆院選で自民大勝	消費税10%へ増税、森友・加計学園問題
20.9	菅　義偉	安倍首相辞任、後継	新型コロナウイルス感染症対策
21.10	岸田　文雄	菅首相総裁選に出ず	旧統一教会問題、円安インフレ

試験にでる戦後日本経済史

	景　気	日本のおもなできごと	国際経済・社会動向
1945	戦後経済の混乱期	財閥解体(45)労働関係民主化(45)	
		第1次[¹　　　](45)	
	復興期	金融緊急措置令(46)	マーシャルプラン　(47)
		経済安定9原則(48)、1ドル=[²　　]	
50	『[³　　]』景気	総評結成(50)	朝鮮戦争(50〜52)
	消費景気	[⁴　　]加盟(52)	
	昭和29年不況		
55	**神武景気**	[⁵　　]加盟(55)、春闘開始(55)	
	なべ底不況	経済白書「もはや戦後ではない」(56)	
	[⁶　　]景気	国民年金法(59)	
60	昭和37年不況	国民所得倍増計画(60)	
	オリンピック景気	**農業基本法**制定(61)	
	40年不況	IMF8条国へ移行(64)、[⁷　　]加盟(64)	
65	[⁸　　]景気	赤字国債発行(65)、	
		GNP資本主義国第2位へ(68)	ベトナム戦争
		資本自由化を決定	
70	昭和46年不況	八幡富士製鉄合併、**日米繊維会談**	ニクソンショック　(71)
	列島改造ブーム	[⁹　　]→変動為替相場制へ	第4次中東戦争(73)
		第1次石油危機→マイナス成長に	
75	**マイナス成長**	狂乱物価	
	低成長時代		
		第2次石油危機	
80		貿易摩擦が深刻化	
	円高不況		
		日米農産物交渉	
85		[¹⁰　　]合意→ドル高是正	
	平成景気	国鉄分割・民営化法成立	チョルノービリ原発事故(86)
			湾岸戦争(91)
90	[¹¹　　]不況	**消費税実施**、アメリカとの構造協議	
			ウルグアイ・ラウンド(93)
95		消費税[¹²　　]%へ	
		金融機関の倒産、廃業増加	アジア通貨危機(97)
		日銀ゼロ金利政策(99)	
2000		金融機関の不良債権処理	
	[¹³　　]景気	日銀量的緩和政策(01)	
05		ペイオフ解禁(05)、郵政民営化(05)	
			サブプライムローン問題
		世界金融危機(08)	リーマンショック(08)
10		東日本大震災・東電原発事故(11)	ギリシア財政危機(10)
		消費税8%へ(14)	
15			

2020		消費税10%へ(19) 新型コロナウイルス感染症拡大 経済停滞 急激な円安(115→150円) (22)	ウクライナ侵攻(22)
25			

(1)人口増加率　　　　　＝(ある年の人口－前年の人口)÷ある年の人口×1000
　　　　　　　　　　　　　　　　　　　　　[単位＝パーミル] ‰

(2)[^{1}　]率　　　　　　＝その国の食料消費高÷その国の食料生産高×100

(3)エンゲル係数　　　　　＝食料費÷消費支出額×100

(4)経済成長率　　　　　　＝(本年の実質国内総生産－前年の国内総生産)÷前年の国内総生産×100

(5)[^{2}　]GNP　　　　　＝総生産額－中間生産物価格

(6)[^{3}　]GDP　　　　　＝国民総生産－海外からの純所得

　実質GDP　　　　　　　＝名目GDP÷GDPデフレーター×100
　　　　　　　　　　　　　　　＊GDPデフレーター：国内物価の動向を把握するための指数

(7)[^{4}　]NNP　　　　　＝国民総生産－減価償却費(固定資本減耗分)

(8)国民所得NI　　　　　　＝[^{5}　]－固定資本減耗分－間接税＋補助金
　　　　　　　　　　　　　生産国民所得＝[^{6}　]国民所得＝支出国民所得
　　　　　　　　　　　　　＊三面等価の原則

(9)国民総支出GNE　　　　＝民間消費＋政府消費＋国内資本形成＋海外余剰

(10)実質国民所得　　　　　＝名目国民所得÷[^{7}　]

(11)貯蓄率　　　　　　　　＝貯蓄÷国民所得×100

(12)信用創造額　　　　　　＝当初の預金×(1÷支払準備率)－当初の預金

(13)銀行の預貸率　　　　　＝貸出残高÷銀行の預金残高×100

(14)[^{8}　](通貨総量の残高)＝現金通貨＋預金通貨＋準通貨＋CD
　　　＊M₁＝現金通貨＋預金通貨(普通預金・当座預金)　M₃＝M₁＋準通貨＋CD
　　　準通貨は定期性預金、外貨預金など、CDは企業が銀行に預ける定期預金の一種

(15)労働組合組織率　　　　＝労働組合加入者数÷労働組合組織対象者数×100

(16)[^{9}　]　　　　　　　＝経常収支＋資本移転収支＋金融収支＋誤差脱漏
　　　　　　　　　　　　　経常収支＝貿易・サービス収支＋第一次所得収支＋第二次所得収支
　　　　　　　　　　　　　貿易・サービス収支＝貿易収支(輸出－輸入)＋サービス収支
　　　　　　　　　　　　　金融収支＝直接投資＋証券投資＋金融派生商品＋その他投資＋外貨準備

(17)[^{10}　]度　　　　　　＝輸出入額÷国民総生産×100

(18)輸出依存度　　　　　　＝輸出額÷国民総生産×100

	事件・訴訟名(年)概要	判決の内容
安保・自衛隊	砂川事件(1957)　米軍基地拡張反対運動の学生への刑事特別法違反	一審では米軍駐留は違憲、最高裁は安保条約について[¹]で憲法判断回避
	[²]（1962)　自衛隊の実弾演習への抗議、自衛隊法違反で起訴	一審では通信線を切断した被告人は無罪、自衛隊については憲法判断せず
	長沼ナイキ訴訟(1968)　ミサイル基地建設のため保安林解除取消し	一審は自衛隊違憲判決、二審では統治行為論で審査せず。最高裁では上告棄却
	百里基地訴訟(1958)　自衛隊基地建設予定地の土地売買	一審は統治行為論で判断せず、二審では控訴棄却、最高裁も二審支持
	自衛隊イラク派遣訴訟(2008)　自衛隊のイラク派遣は憲法9条違反	名古屋高裁判決、イラクの戦闘状況などから自衛隊派遣は武力の行使にあたると判断
基本的人権　最高裁違憲判決	三菱樹脂訴訟(1973)　在学中の学生運動を理由に、本採用拒否	一審二審ともに解雇無効、最高裁は憲法の[[³]]規定を私人間に認めず。のち和解。
	[⁴]（1977)　津市が体育館建設時に地鎮祭に公費を支出	最高裁は合憲、地鎮祭は世俗的行為で宗教的意義をもたないと判断(憲法20条3項)
	愛媛玉串料訴訟(1979)　県が靖国神社に公費で玉串料を奉納した	最高裁は違憲判断、県の行為は宗教的意義をもっているとみなした(憲法20条3項)
	空知太神社訴訟　神社の敷地として市有地を無償提供	最高裁(2010)　憲法20条の[⁵]と公の財産の利用制限に反するとして違憲判断
	家永教科書訴訟(1965～1997)　高校日本史教科書の検定不合格を不当	最高裁(1997)判決、[⁶]は合憲、4カ所の記述に関しての裁量権乱用を判断
	ハンセン病国家賠償訴訟　らい予防法は患者を強制的に隔離した	熊本地裁(2001)、国の責任を認めて損害賠償を認定、らい予防法は廃止(1996)
	[⁷]　入院中の生活保護費の水準が最低限度以下であり違法	最高裁(1967)判決、25条の[⁸]規定は具体的権利ではなく国の裁量の範囲と判断
	[⁹]　児童扶養手当と公的年金の併給禁止は違法	最高裁(1982)判決、併給については国の裁量権の範囲とした
	大阪空港公害訴訟　住民が夜間の空港使用差し止め、損害賠償請求	最高裁(1981)判決、過去の損害賠償請求は認めたが、住民の[¹⁰]の主張は認めず
	『宴のあと』訴訟　三島由紀夫の小説が[¹¹]を侵害	東京地裁、憲法13条[¹²]を根拠にプライバシーの権利を認め、損害賠償認めた
	外務省公電漏洩事件(1972)　沖縄返還協定の外務省密約を新聞報道	最高裁(1978)、[¹³]、取材の自由は表現の自由として重要、しかし、記者は有罪
	衆議院定数訴訟　4.40倍の議員定数不均衡は違憲、選挙無効	最高裁(1985)格差は違憲、選挙は有効との事情判決、その後[¹⁴]改正定数是正
	尊属殺人重罰規定違憲訴訟　刑法の重罰規定は[¹⁵]に違反	最高裁(1973)　尊属殺人重罰規定は違憲、その後刑法改正(1995)により当該条文削除
	女性再婚禁止期間規定違憲訴訟　民法上の6カ月の再婚禁止は違憲	最高裁(2015)この規定は憲法14条の法の下の平等に違反、後に民法改正(2016)

試験にでる憲法条文

日本国憲法抜粋[日本国憲法]昭和21年11月3日公布　昭和22年5月3日施行

【前文】

　日本国民は、正当に〔¹　〕された**国会における代表者を通じて行動**し、われらとわれらの子孫のために、**諸国民との協和による成果**と、わが国全土にわたつて自由のもたらす恵沢を確保し、政府の行為によつて再び〔²　〕の惨禍が起ることのないやうにすることを決意し、ここに〔³　〕が国民に存することを宣言し、この憲法を確定する。そもそも国政は、国民の厳粛な〔⁴　〕によるものであつて、**その権威は国民に由来し、その権力は国民の代表者がこれを行使し、**その〔⁵　〕は**国民がこれを享受する**。これは**人類普遍の原理**であり、この憲法は、かかる原理に基くものである。われらは、これに反する一切の〔⁶　〕、法令及び詔勅を排除する。

〈中略〉われらは、全世界の国民が、ひとしく〔⁷　〕と欠乏から免かれ、**平和のうちに生存する権利**を有することを確認する。〈後略〉

第1条[天皇の地位・国民主権]天皇は、日本国の〔⁸　〕であり**日本国民統合の象徴**であつて、この地位は、主権の存する〔⁹　〕の総意に基く。

第3条[天皇の国事行為]天皇の国事に関するすべての行為には、**内閣の助言と承認**を必要とし、〔¹⁰　〕が、その責任を負ふ。

第6条[天皇の任命権]

①　天皇は、**国会の指名**に基いて、〔¹¹　〕を任命する。

②　天皇は、〔¹²　〕**の指名**に基いて、最高裁判所の長たる裁判官を任命する。

第9条[戦争の放棄、戦力及び交戦権の否認]

①　日本国民は、正義と秩序を基調とする国際平和を誠実に希求し、〔¹³　〕の発動たる戦争と、**武力による威嚇又は武力の行使**は、〔¹⁴　〕を解決する手段としては、**永久にこれを放棄する**。

②　前項の目的を達するため、〔¹⁵　〕その他の**戦力は、これを保持しない**。国の〔¹⁶　〕は、これを認めない。

第11条[基本的人権]国民は、すべての〔¹⁷　〕の享有を妨げられない。この憲法が**国民に保障する基本的人権**は、侵すことのできない〔¹⁸　〕の権利として、現在及び将来の国民に与へられる。

第12条[権利の保持義務及び濫用の禁止]この憲法が国民に保障する〔¹⁹　〕及び権利は、国民の不断の努力によつて、これを保持しなければならない。又、国民は、これを**濫用してはならない**のであつて、常に〔²⁰　〕のために**これを利用する責任を負ふ**。

第13条[個人の尊重]すべて国民は、個人として尊重される。生命、自由及び〔²¹　〕に対する国民の権利については、**公共の福祉**に反しない限り、〔²²　〕その他の国政の上で、最大の尊重を必要とする。

第14条[法の下の平等、貴族の禁止、栄典]

①　すべて国民は〔²³　〕の下に平等であつて、**人種**、〔²⁴　〕、**性別、社会的身分又は門地**

により、政治的、経済的又は社会的関係において、差別されない。

〈後略〉

第15条〔公務員選定及び罷免権、公務員の本質、普通選挙、秘密投票の保障〕

① 〔²⁵ 〕を選定し、及びこれを罷免することは、国民固有の権利である。

② すべて公務員は、〔²⁶ 〕であつて、一部の奉仕者ではない。

③ 公務員の選挙については、成年者による〔²⁷ 〕選挙を保障する。

④ すべて選挙における〔²⁸ 〕は、これを侵してはならない。選挙人は、その選択に関し公的にも私的にも責任を問はれない。

第17条〔国及び公共団体の賠償責任〕何人も、公務員の〔²⁹ 〕により、損害を受けたときは、法律の定めるところにより、国又は公共団体に、その〔³⁰ 〕を求めることができる。

第18条〔奴隷的拘束及び苦役からの自由〕何人も、いかなる〔³¹ 〕拘束も受けない。又、犯罪に因る処罰の場合を除いては、その意に反する**苦役に服させられない**。

第19条〔思想及び良心の自由〕**思想及び良心の自由**は、これを侵してはならない。

第20条〔信教の自由〕

① **信教の自由**は、何人に対してもこれを保障する。いかなる宗教団体も、〔³² 〕から**特権を受け、又は政治上の権力を行使してはならない**。

② 何人も、宗教上の行為、祝典、儀式又は行事に参加することを強制されない。

③ **国及びその機関は、宗教教育その他いかなる宗教的活動**もしてはならない。

第21条〔集会・結社・表現の自由、通信の秘密〕

①〔³³ 〕、結社及び言論、出版その他一切の表現の自由は、これを保障する。

② **検閲**は、これをしてはならない。〔³⁴ 〕の秘密は、これを侵してはならない。

第22条〔居住・移転・職業選択・外国移住及び国籍離脱の自由〕①何人も、公共の福祉に反しない限り、〔³⁵ 〕、**移転**及び**職業選択の自由**を有する。

第23条〔学問の自由〕〔³⁶ 〕の自由は、これを保障する。

第25条〔生存権、国の社会的使命〕

① すべて国民は、健康で文化的な〔³⁷ 〕の生活を営む権利を有する。

② 国は、すべての生活部面について、**社会福祉**、〔³⁸ 〕及び**公衆衛生**の向上及び増進に努めなければならない。

第26条〔教育を受ける権利、教育を受けさせる義務〕

① すべて国民は、法律の定めるところにより、その能力に応じて、ひとしく〔³⁹ 〕権利を有する。

② すべて国民は、法律の定めるところにより、その保護する子女に**普通教育を受けさせる義務**を負ふ。〔⁴⁰ 〕は、これを無償とする。

第27条〔勤労の権利及び義務、勤労条件の基準、児童酷使の禁止〕

① すべて国民は、**勤労の権利を有し、義務を負ふ**。

② 賃金、〔⁴¹ 〕、休息その他の**勤労条件に関する基準**は、法律でこれを定める。

第28条〔勤労者の団結権〕**勤労者の団結する権利**及び〔⁴² 〕その他の**団体行動をする権利**は、これを保障する。

第29条〔財産権〕

①　**財産権**は、これを侵してはならない。

②　財産権の内容は、〔⁴³　〕に適合するやうに、法律でこれを定める。

第31条〔法定の手続の保障〕何人も、**法律の定める手続きによらなければ**、その生命若しくは自由を奪はれ、又はその他の〔⁴⁴　〕を科せられない。

第41条〔国会の地位・立法権〕国会は、国権の〔⁴⁵　〕であつて、国の唯一の〔⁴⁶　〕である。

第54条〔衆議院の解散・特別会、参議院の緊急集会〕

①　**衆議院が解散**されたときは、解散の日から〔⁴⁷　〕日以内に、**衆議院議員の総選挙**を行ひ、その選挙の日から〔⁴⁸　〕日以内に、国会を召集しなければならない。

第60条〔衆議院の予算先議権〕

①　予算は、さきに〔⁴⁹　〕に提出しなければならない。

②　予算について、参議院で衆議院と異なつた議決をした場合に、法律の定めるところにより、**両議院の協議会**を開いても意見が一致しないとき、又は参議院が、衆議院の可決した予算を受け取つた後、国会休会中の期間を除いて〔⁵⁰　〕日以内に、議決しないときは、衆議院の議決を国会の議決とする。

第62条〔議院の国政調査権〕両議院は、各々〔⁵¹　〕に関する調査を行ひ、これに関して、証人の出頭及び証言並びに記録の提出を要求することができる。

第64条〔弾劾裁判所〕①国会は、罷免の訴追を受けた〔⁵²　〕を裁判するため、両議院の議員で組織する**弾劾裁判所**を設ける。

第65条〔行政権〕行政権は、〔⁵³　〕に属する。

第66条〔内閣の組織と国会に対する連帯責任〕

①　内閣は、法律の定めるところにより、その首長たる内閣総理大臣及びその他の〔⁵⁴　〕でこれを組織する。

②　内閣総理大臣その他の国務大臣は、〔⁵⁵　〕でなければならない。

③　内閣は、行政権の行使について、**国会に対し**〔⁵⁶　〕して責任を負ふ。

第67条〔内閣総理大臣の指名、衆議院の優越〕

①　内閣総理大臣は、〔⁵⁷　〕の中から国会の議決で、これを指名する。この指名は、他のすべての案件に先だつて、これを行ふ。

②　衆議院と参議院とが異なつた指名の議決をした場合に、法律の定めるところにより、両議院の協議会を開いても意見が一致しないとき、又は衆議院が指名の議決をした後、国会休会中の期間を除いて〔⁵⁸　〕日以内に、参議院が、指名の議決をしないときは、〔⁵⁹　〕の議決を国会の議決とする。

第69条〔内閣不信任決議と総辞職〕内閣は、衆議院で〔⁶⁰　〕の決議案を可決し、又は**信任の決議案を否決したとき**は、10日以内に衆議院が解散されない限り、〔⁶¹　〕をしなければならない。

第76条〔司法権、裁判所、裁判官の独立〕

①　すべて司法権は、最高裁判所及び法律の定めるところにより設置する〔⁶²　〕に属する。

②　**特別裁判所**は、これを設置することができない。行政機関は、〔⁶³　〕として裁判を行ふことができない。

③　すべて裁判官は、その良心に従ひ[⁶⁴　]してその職権を行ひ、この憲法及び[⁶⁵　]にのみ拘束される。

第78条［裁判官の身分の保障］裁判官は、[⁶⁶　]により、**心身の故障のために職務を執ることができない**と決定された場合を除いては、公の[⁶⁷　]によらなければ罷免されない。裁判官の懲戒処分は、行政機関がこれを行ふことはできない。

第79条［最高裁判所の裁判官、国民審査、定年、報酬］

①　最高裁判所は、その長たる裁判官及び法律の定める員数のその他の裁判官でこれを構成し、その長たる裁判官以外の裁判官は、内閣でこれを[⁶⁸　]する。

②　最高裁判所の裁判官の任命は、その任命後初めて行はれる**衆議院議員総選挙の際**[⁶⁹　]の審査に付し、その後10年を経過した後初めて行はれる衆議院議員総選挙の際更に審査に付し、その後も同様とする。(後略)

第81条［法令審査権］最高裁判所は、一切の法律、命令、規則又は処分が憲法に適合するかしないかを決定する権限を有する[⁷⁰　]である。

第92条［地方自治の基本原則］**地方公共団体の組織及び運営に関する事項**は、[⁷¹　]に基いて、法律でこれを定める。

第93条［地方公共団体の機関］②地方公共団体の長、その議会の議員及び法律の定めるその他の吏員は、その地方公共団体の住民が、[⁷²　]これを選挙する。

第95条［特別法の住民投票］一の**地方公共団体のみに適用される**[⁷³　]は、法律の定めるところにより、その地方公共団体の住民の投票においてその過半数の同意を得なければ、国会は、これを制定することができない。

第96条［改正の手続、公布］

①　この**憲法の改正は、各議院の総議員の３分の２以上の賛成**で、国会が、これを[⁷⁴　]し、国民に提案してその承認を経なければならない。この承認には、特別の[⁷⁵　]又は国会の定める選挙の際行はれる投票において、**その過半数の賛成を必要**とする。

第98条［最高法規、条約及び国際法規の遵守］①この憲法は、国の[⁷⁶　]であつて、その条規に反する法律、命令、詔勅及び国務に関するその他の行為の全部又は一部は、その効力を有しない。

第99条［憲法尊重擁護の義務］天皇又は摂政及び国務大臣、国会議員、裁判官その他の[⁷⁷　]は、この**憲法を尊重し擁護する義務**を負ふ。

【以下略】

20日完成

スピードマスター政治・経済問題集

2024年2月　初版発行

編　者	出川　清一
発行者	野澤　武史
印刷所	株式会社　明祥
製本所	有限会社　穴口製本所

発行所　株式会社 **山川出版社**
〒101-0047　東京都千代田区内神田 1 -13-13
電話　03-3293-8131（営業）　03-3293-8135（編集）
https://www.yamakawa.co.jp/

装　幀	水戸部功
本文デザイン	バナナグローブスタジオ

ISBN978-4-634-05116-4　　　　　　　　　　　　　　NYZK0102

本書の全部または一部を無断で複写複製（コピー）・転載することは、著作権法上
での例外を除き、禁じられています。

●造本には十分注意しておりますが、万一、落丁・乱丁などがございましたら、
　営業部宛にお送りください。送料小社負担にてお取り替えいたします。
●定価はカバーに表示してあります。

20日完成

スピードマスター
政治・経済問題集

解 答

山 川 出 版 社

＊は正解の順序を問わない

1 Speed Check! ✔
民主政治の基本原理

❶ 政治と法
- □ 1. 社会
- □ 2. アリストテレス
- □ 3. 政治
- □ 4. 夜警国家
- □ 5. 福祉国家
- □ 6. 主権
- □ 7. 領域
- □ 8. マックス=ウェーバー
- □ 9. カリスマ的支配
- □ 10. 合法的支配
- □ 11. 道徳
- □ 12. 慣習法
- □ 13. 判例
- □ 14. 公法
- □ 15. 私法
- □ 16. 社会法
- □ 17. 契約自由の原則

❷ 民主政治の発展
- □ 18. ホッブズ
- □ 19. リヴァイアサン
- □ 20. 契約
- □ 21. ロック
- □ 22. 統治二論(市民政府二論)
- □ 23. 抵抗
- □ 24. ルソー
- □ 25. 直接
- □ 26. マグナ・カルタ(大憲章)
- □ 27. 清教徒(ピューリタン)
- □ 28. 名誉
- □ 29. 権利章典
- □ 30. アメリカ独立宣言
- □ 31. フランス人権宣言
- □ 32. チャーチスト
- □ 33. 下院の優越
- □ 34. リンカン
- □ 35. 人民による
- □ 36. エドワード=クック(コーク)
- □ 37. ブラクトン
- □ 38. ファシズム
- □ 39. ナチス
- □ 40. モンテスキュー

❸ 世界のおもな政治体制
- □ 41. 国王
- □ 42. 議会(下院議員)
- □ 43. 責任内閣
- □ 44. 最高裁判所
- □ 45. 州
- □ 46. 下院
- □ 47. 上院
- □ 48. 違憲立法審査権
- □ 49. 不信任決議
- □ 50. 解散
- □ 51. 教書
- □ 52. 大統領(半大統領制)
- □ 53. 議会
- □ 54. 議院内閣
- □ 55. 権力集中
- □ 56. ペレストロイカ
- □ 57. 大統領
- □ 58. 民族自立
- □ 59. ユーゴスラビア
- □ 60. クーデター
- □ 61. 開発独裁
- □ 62. アラブの春

2 Speed Check! ✔
日本国憲法の成立と基本的性格

❶ 大日本帝国憲法(明治憲法)の 特色
- □ 1. 自由民権運動
- □ 2. 国会
- □ 3. 伊藤博文
- □ 4. 内閣
- □ 5. 植木枝盛
- □ 6. 私擬憲法
- □ 7. 欽定憲法
- □ 8. 緊急勅令
- □ 9. 統帥権
- □ 10. 臣民
- □ 11. 法律
- □ 12. 協賛
- □ 13. 貴族院
- □ 14. 制限選挙
- □ 15. 大審院
- □ 16. 児島惟謙
- □ 17. 護憲運動
- □ 18. 政党内閣
- □ 19. 普通
- □ 20. 美濃部達吉
- □ 21. 天皇機関説
- □ 22. 吉野作造
- □ 23. 大正デモクラシー
- □ 24. 二・二六
- □ 25. 国家総動員

❷ 日本国憲法の制定
- □ 26. GHQ
- □ 27. 戦争犯罪者
- □ 28. 公職追放
- □ 29. 内務省
- □ 30. マッカーサー
- □ 31. 憲法問題調査
- □ 32. 戦争の放棄　＊
- □ 33. 封建的制度の廃止　＊
- □ 34. 婦人(女性)

❸ 日本国憲法の三大基本原則
- □ 35. 信託
- □ 36. ゲティスバーグ
- □ 37. 日本国
- □ 38. 日本国民統合
- □ 39. 主権
- □ 40. 権能
- □ 41. 国事行為
- □ 42. 国会
- □ 43. 任命
- □ 44. 衆議院
- □ 45. 総選挙
- □ 46. 永久
- □ 47. 華族
- □ 48. 経済
- □ 49. 社会権
- □ 50. 裁判所
- □ 51. 国際平和
- □ 52. 国権
- □ 53. 武力
- □ 54. 戦力
- □ 55. 交戦権
- □ 56. 最高法規
- □ 57. 公務員
- □ 58. 軟性
- □ 59. 硬性
- □ 60. 総議員
- □ 61. 過半数
- □ 62. 憲法審査会

3 Speed Check! ✓
基本的人権の保障
① 基本的人権の保障
- ☐ 1. 平等
- ☐ 2. 自然権
- ☐ 3. バージニア権利章典
- ☐ 4. 自由権
- ☐ 5. ワイマール
- ☐ 6. 世界人権宣言
- ☐ 7. 四つの自由
- ☐ 8. 思想・良心
- ☐ 9. 学問の自由
- ☐ 10. 信教の自由
- ☐ 11. 政教分離
- ☐ 12. 津地鎮祭
- ☐ 13. 報道
- ☐ 14. 検閲
- ☐ 15. 個人
- ☐ 16. 奴隷
- ☐ 17. 罪刑法定主義
- ☐ 18. 令状
- ☐ 19. 黙秘
- ☐ 20. 刑罰
- ☐ 21. 自白
- ☐ 22. 財産
- ☐ 23. 居住・移転
- ☐ 24. 公共の福祉
- ☐ 25. 本質的平等
- ☐ 26. 議員定数不均衡(一票の格差)
- ☐ 27. 生存権
- ☐ 28. 教育を受ける権利
- ☐ 29. 労働基本権
- ☐ 30. 朝日
- ☐ 31. プログラム規定説
- ☐ 32. 団体交渉権
- ☐ 33. 団体行動権(争議権)
- ☐ 34. 教育を受ける権利
- ☐ 35. 普通教育
- ☐ 36. 請願権
- ☐ 37. 残忍な刑罰の禁止(残虐刑の禁止)
- ☐ 38. 死刑廃止条約
- ☐ 39. 通信傍受法
② 新しい人権
- ☐ 40. プライバシーの権利
- ☐ 41. 宴のあと
- ☐ 42. 個人情報保護法
- ☐ 43. 知る権利
- ☐ 44. 情報公開法
- ☐ 45. アクセス権
- ☐ 46. 健康
- ☐ 47. 環境権
- ☐ 48. 環境アセスメント
- ☐ 49. インフォームド・コンセント
- ☐ 50. 国際人権規約
- ☐ 51. 欧州人権条約

4 Speed Check! ✓
平和主義と安全保障／地方自治
① 平和主義の理念と安保・自衛隊
- ☐ 1. 国際協調主義
- ☐ 2. 平和のうちに生存する権利
- ☐ 3. 戦争の放棄
- ☐ 4. 交戦権
- ☐ 5. 警察予備隊
- ☐ 6. 日米安全保障条約
- ☐ 7. 保安隊
- ☐ 8. MSA協定
- ☐ 9. 防衛庁
- ☐ 10. 事前協議
- ☐ 11. 長沼ナイキ基地
- ☐ 12. 統治行為論
- ☐ 13. 恵庭事件
- ☐ 14. 百里基地事件
- ☐ 15. 砂川事件
- ☐ 16. 自衛権
- ☐ 17. 専守防衛
② 冷戦終結後の日本の安全保障
- ☐ 18. 非核三原則
- ☐ 19. 国連平和維持活動協力法
- ☐ 20. イラク復興支援特別措置法
- ☐ 21. 新ガイドライン
- ☐ 22. 有事関連七法
③ 地方自治のしくみと住民参加
- ☐ 23. ブライス
- ☐ 24. 民主主義
- ☐ 25. 内務
- ☐ 26. 法律
- ☐ 27. 住民自治
- ☐ 28. 団体自治
- ☐ 29. 法律
- ☐ 30. 条例
- ☐ 31. イニシアティブ
- ☐ 32. リコール
- ☐ 33. 住民投票
- ☐ 34. レファレンダム
- ☐ 35. 自治事務
- ☐ 36. 法定受託事務
- ☐ 37. 地方税
- ☐ 38. 地方交付税交付金
- ☐ 39. 総務省
- ☐ 40. 地方債
- ☐ 41. 超過負担問題
- ☐ 42. 三割自治
- ☐ 43. 地方の時代
- ☐ 44. 市町村合併
- ☐ 45. 政令指定都市
- ☐ 46. 中核都市
- ☐ 47. 過疎
- ☐ 48. 限界集落
- ☐ 49. オンブズパーソン

5 Speed Check! ✓
政治機構
① 日本の政治機構と国会
- ☐ 1. 司法
- ☐ 2. 三権分立
- ☐ 3. 均衡
- ☐ 4. 指名
- ☐ 5. 任命
- ☐ 6. 連帯
- ☐ 7. 違憲立法(法令)審査権
- ☐ 8. 弾劾
- ☐ 9. 指名
- ☐ 10. 任命
- ☐ 11. 最高
- ☐ 12. 二院(両院)
- ☐ 13. 両院協議会
- ☐ 14. 衆議院
- ☐ 15. 予算案
- ☐ 16. 条約
- ☐ 17. 10
- ☐ 18. 緊急集会
- ☐ 19. 立法
- ☐ 20. 公布
- ☐ 21. 常会(通常国会)
- ☐ 22. 150
- ☐ 23. 臨時会(臨時国会)
- ☐ 24. 特別会(特別国会)
- ☐ 25. 30

- ☐44. コンピュータ
- ☐45. 物価
- ☐46. 倒産
- ☐47. 金融
- ☐48. 財政
- ☐49. ポリシー・ミックス
- ☐50. 公開市場操作(オープン・マーケット・オペレーション)
- ☐51. 買い
- ☐52. 売り
- ☐53. 上げる
- ☐54. 減少
- ☐55. 下がる
- ☐56. ゼロ金利
- ☐57. 金利
- ☐58. 量的緩和政策
- ☐59. 円売り(ドル買い)
- ☐60. 円買い(ドル売り)

🔟 Speed Check! ✔
金融と財政のしくみ
❶ 金融のしくみ
- ☐ 1. 価値尺度
- ☐ 2. 交換手段
- ☐ 3. 要求払い預金
- ☐ 4. 定期性預金
- ☐ 5. 譲渡性預金(CD)
- ☐ 6. 貸出し
- ☐ 7. 預金通貨
- ☐ 8. 5000
- ☐ 9. 金本位
- ☐10. 金保有量
- ☐11. 管理通貨
- ☐12. 需要
- ☐13. インフレーション
- ☐14. 発券銀行
- ☐15. 銀行の銀行
- ☐16. 政府の銀行
- ☐17. 政策委員会
- ☐18. 間接金融
- ☐19. 直接金融
- ☐20. 金利
- ☐21. ビックバン
- ☐22. ペイオフ
- ☐23. 不良債権
- ☐24. 自己資本比率(BIS 規制)
- ☐25. 金融庁

❷ 財政のしくみと租税
- ☐26. 資源の最適配分　＊
- ☐27. 所得の再分配　　＊
- ☐28. 法人税
- ☐29. 所得再配分
- ☐30. ビルト・イン・スタビライザー(財政の自働安定装置)
- ☐31. フィスカル・ポリシー(伸縮的財政政策・裁量的財政政策)
- ☐32. 一般会計予算
- ☐33. 特別会計予算
- ☐34. 財政投融資計画
- ☐35. 財政法
- ☐36. 建設公債
- ☐37. 市中消化
- ☐38. 建設公債(国債)
- ☐39. 特例国債(赤字国債)
- ☐40. 特例
- ☐41. (第 1 次)石油危機
- ☐42. 国債依存度
- ☐43. 国債費
- ☐44. プライマリー・バランス(基礎的財政収支)
- ☐45. 財政の硬直化
- ☐46. クラウディング・アウト
- ☐47. 税(租税)
- ☐48. 直接税
- ☐49. 間接税
- ☐50. 直間比率
- ☐51. 6：4
- ☐52. 累進課税
- ☐53. 所得の再分配
- ☐54. 捕捉率
- ☐55. 逆進課税
- ☐56. 公平
- ☐57. 水平的公平
- ☐58. 垂直的公平
- ☐59. 国民負担率

⓫ Speed Check! ✔
日本経済の成長と課題
❶ 戦後日本の経済成長
- ☐ 1. 持株会社
- ☐ 2. 農地改革
- ☐ 3. 独占禁止法
- ☐ 4. 公正取引委員会
- ☐ 5. 鉄鋼　　＊
- ☐ 6. 石炭　　＊
- ☐ 7. 傾斜生産方式
- ☐ 8. 復興金融金庫
- ☐ 9. 復金インフレ
- ☐10. 経済安定 9 原則
- ☐11. 単一為替相場(固定為替相場)
- ☐12. 安定恐慌
- ☐13. 特需景気
- ☐14. もはや戦後ではない
- ☐15. 技術革新
- ☐16. 軽工業
- ☐17. 重化学工業
- ☐18. 第一次
- ☐19. 第二次
- ☐20. 高度化
- ☐21. 電気洗濯機
- ☐22. 自家用車
- ☐23. 池田勇人
- ☐24. 所得倍増
- ☐25. 設備投資
- ☐26. 貯蓄率
- ☐27. 間接金融
- ☐28. 財政投融資
- ☐29. 1968
- ☐30. 国際収支の天井
- ☐31. 高度成長
- ☐32. オイル・ショック(石油危機)
- ☐33. 安定成長
- ☐34. 狂乱物価
- ☐35. マイナス
- ☐36. スタグフレーション
- ☐37. 重厚長大
- ☐38. 軽薄短小
- ☐39. 付加価値
- ☐40. 加工組立
- ☐41. 前川
- ☐42. 内需
- ☐43. 平成不況
- ☐44. バブル
- ☐45. 不良債権

❷ 日本経済の現状
- ☐46. 不良債権
- ☐47. 貸し渋り
- ☐48. リストラ
- ☐49. デフレスパイラル
- ☐50. 郵政

- ☐51. ジニ係数
- ☐52. リーマン・ショック
- ☐53. アベノミクス
- ☐54. インフレターゲット
- ☐55. 量的
- ☐56. マイナス
- ☐57. 社会保障

12 Speed Check! ✓
日本経済と福祉の向上
❶ 中小企業問題
- ☐ 1. 二重構造
- ☐ 2. 中小企業基本法
- ☐ 3. 資本装備率
- ☐ 4. 労働生産性
- ☐ 5. 下請け
- ☐ 6. ニッチ
- ☐ 7. ベンチャー・ビジネス
- ☐ 8. 地場産業
❷ 農業と食料問題
- ☐ 9. 農地改革
- ☐10. 零細
- ☐11. 高い
- ☐12. 低い
- ☐13. 農業基本法
- ☐14. 食糧管理法
- ☐15. 減反
- ☐16. 生産者米価
- ☐17. 消費者米価
- ☐18. 食糧管理特別会計
- ☐19. 新食糧法
- ☐20. 農地法
- ☐21. ウルグアイ・ラウンド
- ☐22. ミニマム・アクセス
- ☐23. 関税化
- ☐24. 食料・農業・農村基本法
❸ 社会保障制度
- ☐25. 社会保障法
- ☐26. ベバリッジ
- ☐27. 公的扶助
- ☐28. 社会保険
- ☐29. 社会福祉
- ☐30. 年金保険
- ☐31. 医療保険
- ☐32. 事業主
- ☐33. 国民年金
- ☐34. 基礎年金

- ☐35. 厚生年金
- ☐36. 生活保護法
- ☐37. 教育
- ☐38. ノーマライゼーション
- ☐39. 国民皆保険
- ☐40. 国民皆年金
- ☐41. 介護保険
❹ 消費者問題と消費者保護
- ☐42. 消費者保護基本法
- ☐43. ケネディ
- ☐44. 安全を求める　*
- ☐45. 意見を反映できる　*
- ☐46. 製造物責任法
- ☐47. 欠陥
- ☐48. 過失
- ☐49. クーリングオフ
- ☐50. 国民生活センター
- ☐51. クレジット
- ☐52. 多重債務
- ☐53. 自己破産
- ☐54. 消費者基本法
- ☐55. 消費者庁

13 Speed Check! ✓
現代日本の諸課題
❶ 少子高齢社会
- ☐ 1. 少子化
- ☐ 2. 高齢化
- ☐ 3. 合計特殊出生率
- ☐ 4. 2.1
- ☐ 5. 晩婚化
- ☐ 6. 65
- ☐ 7. 7
- ☐ 8. 14
- ☐ 9. 扶養係数
- ☐10. 1.5
- ☐11. 少子化対策基本
- ☐12. 介護保険
- ☐13. 年金支給開始年齢
- ☐14. 所得
- ☐15. 消費税
❷ 労働問題と労働市場
- ☐16. 工場法
- ☐17. 労働組合法
- ☐18. 日本的労使関係
- ☐19. 終身雇用　*
- ☐20. 年功序列賃金　*

- ☐21. 企業別労働組合　*
- ☐22. 非正規
- ☐23. 男女雇用機会均等法
- ☐24. 介護育児休業法
- ☐25. 40
- ☐26. 週休二日制
- ☐27. 時間外
- ☐28. 年次有給休暇
- ☐29. 高齢者雇用安定法
- ☐30. テクノストレス
❸ 公害防止と環境保全
- ☐31. 足尾銅山鉱毒
- ☐32. 田中正造
- ☐33. 水俣病
- ☐34. 有機水銀
- ☐35. 阿賀野川
- ☐36. 不法
- ☐37. 四日市ぜんそく
- ☐38. 神通川
- ☐39. イタイイタイ病
- ☐40. カドミニウム
- ☐41. 公害対策基本法
- ☐42. 経済調和
- ☐43. 環境庁
- ☐44. 公害健康被害補償法
- ☐45. 汚染者負担
- ☐46. 環境アセスメント
- ☐47. 環境基本法
- ☐48. 総量規制
- ☐49. ゴミ公害
- ☐50. 風害(電波障害)
- ☐51. 都市公害
- ☐52. 家電
- ☐53. 循環型社会形成推進基本法
❹ 防災と安全
- ☐54. 南海トラフ
- ☐55. 防災計画

14 Speed Check! ✓
国際社会の変遷と国際法
❶ 国際社会の成立と変遷
- ☐ 1. 1648
- ☐ 2. ウェストファリア
- ☐ 3. ウィーン
- ☐ 4. ヤルタ
- ☐ 5. 社会主義
- ☐ 6. イデオロギー

□34. 化学兵器
□35. 対人地雷全面禁止条約
□36. 同時多発テロ
□37. テロとの戦い
□38. イラク
□39. クリミア半島
□40. 一国二制度

③ 国際社会と日本の役割

□41. 日米安全保障
□42. 1956
□43. 鳩山一郎
□44. 日ソ共同宣言
□45. 国際連合
□46. 非常任理事国
□47. 国連
□48. アジア
□49. 日中共同声明
□50. 中華民国(台湾)
□51. 日中平和友好
□52. 1
□53. 日韓基本条約
□54. 六カ国協議

17 Speed Check! ✓
国際経済のしくみ

① 自由貿易と保護貿易

□ 1. リカード
□ 2. 特化
□ 3. 国際分業
□ 4. 比較生産費
□ 5. リスト
□ 6. 保護貿易
□ 7. 垂直的分業
□ 8. 水平的分業

② 国際収支と外国為替相場の変動

□ 9. 国際収支
□10. 経常収支
□11. 貿易収支
□12. サービス収支
□13. 貿易・サービス収支
□14. 投資収益
□15. 第一次所得収支
□16. 資本移転収支等
□17. 直接投資　＊
□18. 証券投資　＊
□19. 貿易収支

□20. サービス収支
□21. 第二次所得収支
□22. 貿易収支
□23. 投資収益
□24. 変動為替相場制
□25. 固定為替相場制
□26. 増加
□27. 減少
□28. 円安
□29. 円安(ドル高)
□30. 円高(ドル安)
□31. 輸入
□32. 輸出

③ 国際通貨制度の成立と変化

□33. ブレトン・ウッズ
□34. 金本位
□35. ドル(米ドル)
□36. 国際通貨基金(IMF)
□37. 関税及び貿易に関する一般
　　協定(GATT)
□38. WTO(世界貿易機関)
□39. IBRD(国際通貨基金)
□40. 非関税障壁
□41. ベトナム戦争
□42. ニクソン
□43. 双子の赤字
□44. スミソニアン協定
□45. キングストン合意
□46. 先進国首脳会議(サミット)
□47. G5
□48. プラザ
□49. ウルグアイ・ラウンド
□50. 知的所有権
□51. ルーブル
□52. ユーロ
□53. ファンダメンタルズ
□54. 引き上げ
□55. 円安(ドル高)

18 Speed Check! ✓
国際経済機構と地域的経済統合

① 国際協調の動き

□ 1. ウルグアイ・ラウンド
□ 2. 貿易紛争処理
□ 3. OECD(経済協力開発機構)
□ 4. DAC(開発援助委員会)
□ 5. ロシア

□ 6. G20
□ 7. 一次産品
□ 8. モノカルチャー
□ 9. 自給的
□10. 南北
□11. UNCTAD(国連貿易開発会
　　議)
□12. プレビッシュ
□13. 一般特恵関税
□14. 0.7
□15. G77
□16. 南南問題
□17. 後発発展途上国(LDC／
　　LLDC)
□18. 新興工業経済地域(NIES)
□19. 資源ナショナリズム
□20. OPEC(石油輸出国機構)
□21. メジャー
□22. 国連資源特別総会
□23. NIEO(新国際経済秩序)
□24. 累積債務問題
□25. デフォルト
□26. リスケジューリング

② 地域的経済統合の動き

□27. ECSC(ヨーロッパ石炭鉄鋼
　　共同体)
□28. ローマ条約
□29. イタリア
□30. EFTA(ヨーロッパ自由貿易
　　連合)
□31. EURATOM(ヨーロッパ原
　　子力共同体)
□32. EC(ヨーロッパ共同体)
□33. イギリス
□34. マーストリヒト
□35. EU(ヨーロッパ共同体)
□36. 関税
□37. アムステルダム
□38. ユーロ
□39. ギリシア
□40. ドイツ
□41. リスボン
□42. イギリス
□43. USMCA(アメリカ・メキシ
　　コ・カナダ協定)
□44. MERCOSUR(南米南部共同
　　市場)

☐45. FTAA（米州自由貿易地域）
☐46. ASEAN
☐47. AFTA
☐48. APEC
☐49. TPP11

19 Speed Check! ✓
グローバル化と国際経済
❶ グローバル化する市場経済
☐ 1. グローバリゼーション
☐ 2. 反グローバリズム
☐ 3. リージョナリズム
☐ 4. 多国籍企業
☐ 5. タックス・ヘイブン
☐ 6. ヘッジ・ファンド
☐ 7. タイ
☐ 8. アジア通貨危機
☐ 9. デリバティブ
☐10. FTA（自由貿易協定）
☐11. EPA（経済連携協定）
☐12. 台湾
☐13. パソコン
☐14. 改革・開放
☐15. 経済特区
☐16. 社会主義市場
☐17. 一国二制度
☐18. WTO（世界貿易機関）
☐19. IC 産業
☐20. インフレーション
☐21. 経済制裁
☐22. BRICS
☐23. ドイモイ
❷ 国際経済における日本の役割
☐24. 4
☐25. 対外投資
☐26. ODA
☐27. GNI（国民総所得）
☐28. 贈与
☐29. インフラ
☐30. 環境
☐31. 市場経済
☐32. 賠償
☐33. 繊維
☐34. カラーテレビ
☐35. 半導体
☐36. 日米構造協議
☐37. 大規模小売店舗法

☐38. 市場開放
☐39. 内需拡大
☐40. 保護主義
☐41. 貿易黒字
☐42. 日米包括経済
☐43. TPP11（環太平洋戦略的経済連携協定）
☐44. FTA

20 Speed Check! ✓
国際社会の諸課題
❶ 地球環境問題
☐ 1. 宇宙船地球号
☐ 2. 熱帯雨林
☐ 3. 砂漠化
☐ 4. 化石
☐ 5. 二酸化炭素（CO_2）
☐ 6. 異常気象
☐ 7. フロンガス
☐ 8. モントリオール
☐ 9. 森林
☐10. 窒素酸化物
☐11. エネルギー資源
☐12. 乱開発
☐13. かけがえのない地球
☐14. 人間環境宣言
☐15. UNEP（国連環境計画）
☐16. 持続的な社会経済の発展
☐17. 国連環境開発会議
☐18. 気候変動枠組（地球温暖化防止）
☐19. アジェンダ21
☐20. 京都
☐21. 6
❷ 資源・エネルギー問題
☐22. エネルギー革命
☐23. 偏在
☐24. 石油危機
☐25. 資源ナショナリズム
☐26. OPEC（石油輸出国機構）
☐27. IEA（国際エネルギー機関）
☐28. 再生可能
☐29. チョルノービリ
☐30. 東京電力福島第一原子力発電所
☐31. 石油（原油）

❸ 国際的な経済格差の是正
☐32. フェアトレード
☐33. マイクロクレジット
❹ イノベーションの促進と成長市場
☐34. 生命倫理
❺ 持続可能な社会の実現
☐35. SDGs（持続可能な開発目標）
❻ 人種・民族問題と地域紛争の激化
☐36. 人種
☐37. 民族
☐38. 言語
☐39. 民族国家
☐40. ウィルソン
☐41. 民族自決の原則
☐42. 北アイルランド
☐43. バスク
☐44. クルド
☐45. タミル・シンハリ
☐46. ソマリア
☐47. シーア
☐48. ヒンドゥー
☐49. 多文化
☐50. オーストラリア
☐51. アフガニスタン
☐52. アラブの春
☐53. シリア

❶ Attack! ✓
試験にでるアルファベット略語
☐ 1. 企業買収・合併
☐ 2. 研究・開発投資
☐ 3. 国連気候変動枠組条約締約国会議
☐ 4. 人間開発指数
☐ 5. 汚染者負担の原則
☐ 6. ヨーロッパ通常戦力条約
☐ 7. 化学兵器禁止条約
☐ 8. 包括的な核実験禁止条約
☐ 9. 核拡散防止条約
☐10. 戦略兵器削減条約
☐11. 太平洋安全保障条約
☐12. 東南アジア諸国連合
☐13. 北米自由貿易協定
☐14. 北大西洋条約機構
☐15. アラブ石油輸出国機構

Column 1

- [ ] 16. 石油輸出国機構
- [ ] 17. 欧州安全保障協力機構
- [ ] 18. 全欧州安全保障協力会議
- [ ] 19. ヨーロッパ共同体
- [ ] 20. ヨーロッパ経済共同体
- [ ] 21. ヨーロッパ通貨制度
- [ ] 22. 関税及び貿易に関する一般協定
- [ ] 23. 国際通貨基金
- [ ] 24. 国際復興開発銀行(世界銀行)
- [ ] 25. 自由貿易協定
- [ ] 26. 環太平洋パートナーシップ協定
- [ ] 27. 国際決済銀行
- [ ] 28. 開発援助委員会
- [ ] 29. 政府開発援助
- [ ] 30. 経済協力開発機構
- [ ] 31. ヨーロッパ経済協力機構
- [ ] 32. 新国際経済秩序
- [ ] 33. 国連食糧農業機関
- [ ] 34. 国際労働機関
- [ ] 35. 国際原子力機関
- [ ] 36. 平和維持活動
- [ ] 37. 国連貿易開発会議
- [ ] 38. 国連環境計画
- [ ] 39. 国連教育科学文化機関
- [ ] 40. 国際連合軍
- [ ] 41. 国連難民高等弁務官事務所
- [ ] 42. 国際司法裁判所
- [ ] 43. 国際刑事裁判所

2 Attack! ✔
試験にでる人物と著作
- [ ] 1. プロテスタンティシズムの倫理と資本主義の精神
- [ ] 2. ボーダン
- [ ] 3. 夜警国家
- [ ] 4. コーク(クック)
- [ ] 5. ホッブズ
- [ ] 6. ロック
- [ ] 7. モンテスキュー
- [ ] 8. ベンサム
- [ ] 9. リンカン
- [ ] 10. トックビル
- [ ] 11. ブライス
- [ ] 12. レーニン
- [ ] 13. ムッソリーニ

Column 2

- [ ] 14. ケネー
- [ ] 15. 諸国民の富(国富論)
- [ ] 16. マルサス
- [ ] 17. リカード
- [ ] 18. 保護貿易主義
- [ ] 19. マルクス
- [ ] 20. 雇用・利子及び貨幣の一般理論
- [ ] 21. シュンペーター
- [ ] 22. カント
- [ ] 23. 平和原則14カ条
- [ ] 24. トルーマン
- [ ] 25. ドル危機
- [ ] 26. ゴルバチョフ
- [ ] 27. オバマ

3 Attack! ✔
試験にでる戦後日本政治史
- [ ] 1. 片山哲
- [ ] 2. 鳩山一郎
- [ ] 3. 池田勇人
- [ ] 4. 田中角栄
- [ ] 5. 村山富市
- [ ] 6. 東京(極東国際軍事)
- [ ] 7. 自衛隊
- [ ] 8. 日ソ共同
- [ ] 9. 日韓基本
- [ ] 10. 沖縄
- [ ] 11. 日中平和友好
- [ ] 12. 郵政民営化
- [ ] 13. 原子力発電所

4 Attack! ✔
試験にでる戦後日本経済史
- [ ] 1. 農地改革
- [ ] 2. 360
- [ ] 3. 特需
- [ ] 4. IMF(国際通貨基金)
- [ ] 5. GATT(関税及び貿易に関する一般協定)
- [ ] 6. 岩戸
- [ ] 7. OECD(経済協力開発機構)
- [ ] 8. いざなぎ
- [ ] 9. スミソニアン協定
- [ ] 10. プラザ
- [ ] 11. 平成
- [ ] 12. 5

Column 3

- [ ] 13. いざなみ

5 Attack! ✔
試験にでる計算問題
- [ ] 1. 食料自給
- [ ] 2. 国民総生産
- [ ] 3. 国内総生産
- [ ] 4. 国民純生産
- [ ] 5. 国民総生産(GNP)
- [ ] 6. 分配
- [ ] 7. GNP デフレーター(物価上昇率)
- [ ] 8. マネー・ストック
- [ ] 9. 国際収支
- [ ] 10. 貿易依存

6 Attack! ✔
試験にでる判例
- [ ] 1. 統治行為論
- [ ] 2. 恵庭事件
- [ ] 3. 思想及び良心の自由
- [ ] 4. 津地鎮祭訴訟
- [ ] 5. 政教分離
- [ ] 6. 教科書検定制度
- [ ] 7. 朝日訴訟
- [ ] 8. 生存権
- [ ] 9. 堀木訴訟
- [ ] 10. 環境権
- [ ] 11. プライバシー
- [ ] 12. 個人の尊重
- [ ] 13. 報道の自由
- [ ] 14. 公職選挙法
- [ ] 15. 法の下の平等

7 Attack! ✔
試験にでる憲法条文
- [ ] 1. 選挙
- [ ] 2. 戦争
- [ ] 3. 主権
- [ ] 4. 信託
- [ ] 5. 福利
- [ ] 6. 憲法
- [ ] 7. 恐怖
- [ ] 8. 象徴
- [ ] 9. 国民
- [ ] 10. 内閣
- [ ] 11. 内閣総理大臣

20日完成

スピードマスター政治・経済問題集　解答

2024年2月　初版発行

編　者	出川　清一
発行者	野澤　武史
印刷所	株式会社　明祥
製本所	有限会社　穴口製本所

発行所　株式会社　**山川出版社**

〒101-0047　東京都千代田区内神田 1 -13-13
電話　03-3293-8131（営業）　03-3293-8135（編集）
https://www.yamakawa.co.jp/

本文デザイン　バナナグローブスタジオ

ISBN978-4-634-05116-4　　　　　　　　　　　　　　NYZK0102

本書の全部または一部を無断で複写複製（コピー）・転載することは、著作権法上
での例外を除き、禁じられています。

●造本には十分注意しておりますが、万一、落丁・乱丁などがございましたら、
　営業部宛にお送りください。送料小社負担にてお取り替えいたします。